Z - 14.1
(Verweis: SA

BEITRÄGE 119

ROLF KRACKE
FALK FEHSENFELD, JÜRGEN HÖRSTEL, MICHAEL NEUGEBAUER,
VOLKER STÖLTING

Verbesserungsmöglichkeiten der Flächenanbindung an überregionale Verkehre

D1674401

AKADEMIE FÜR RAUMFORSCHUNG UND LANDESPLANUNG

Deutsche Bibliothek - CIP-Einheitsaufnahme

Verbesserungsmöglichkeiten der Flächenanbindung an überregionale Verkehre / Akademie für Raumforschung und Landesplanung. Rolf Kracke ... - Hannover: ARL, 1992
    (Beiträge / Akademie für Raumforschung und Landesplanung; 119)
    ISBN 3-88838-212
NE: Kracke, Rolf; Akademie für Raumforschung und Landesplanung
      <Hannover>: Beiträge

Verfasser

Rolf Kracke, Dr.-Ing., Prof., Institutsleiter,
Ordentliches Mitglied der Akademie für Raumforschung
und Landesplanung

Falk Fehsenfeld, Dipl.-Ing., Wiss. Mitarbeiter
Jürgen Hörstel, Dipl.-Ing., Wiss. Mitarbeiter
Michael Neugebauer, Dipl.-Geogr., Wiss. Mitarbeiter
Volker Stölting, Dipl.-Ing., Wiss. Mitarbeiter

Institut für Verkehrswesen, Eisenbahnbau und -betrieb (IVE)
der Universität Hannover

Best.-Nr. 212
ISBN 3-88838-212-2
ISSN 0935-0772

Druck: poppdruck, 3012 Langenhagen
Auslieferung
VSB-Verlagsservice Braunschweig

INHALTSVERZEICHNIS

Abbildungsverzeichnis

Tabellenverzeichnis

Vorwort

Der öffentliche Nahverkehr außerhalb der Verdichtungsräume und insbesondere der Schienen-personennahverkehr dort wurden in den letzten Jahren eher zweitrangig betrachtet. Vor allem die fortschreitende Motorisierung und die Tendenz zu Zweit- und Drittfahrzeugen im ländlichen Raum veränderten den Modal Split zuungunsten des öffentlichen Nahverkehrs. Ein Rückgang der Fahrgastzahlen bei den Verkehrsbetrieben in der Fläche und insbesondere bei der Deutschen Bundesbahn war die Folge.

Im Vergleich zu den ständig verbesserten Bundesbahnangeboten im Fernverkehr konnte der Zu- und Nachlauf auf der Schiene in den Flächenräumen nicht entsprechend attraktiv gestaltet werden. Diese Entwicklungen gelten für den Personenverkehr wie auch für den Güterverkehr in gleichem Maße.

Um diese Problematik zu analysieren und Lösungswege aufzuzeigen, erteilte die Akademie für Raumforschung und Landesplanung einen entsprechenden Forschungsauftrag, dessen Ergebnisse mit diesem Abschlußbericht vorgelegt werden. Hierin werden nach einer allgemeinen Problem-diskussion für die Region Vechta/Diepholz/Sulingen Vorschläge erarbeitet, diesen ländlichen Raum besser an den überregionalen Personen- und Güterverkehr anzubinden.

Die Arbeit kann als Grundlage für weitergehende spezielle Untersuchungen und vor allem für die Entwicklung eines ganzheitlichen Verkehrskonzeptes im Flächenland Niedersachsen dienen, wo die behandelte Problematik besonders ausgeprägt ist.

Rolf Kracke

1. Einleitung

In den letzten Jahren ist ein stetiger Rückgang des Fahrgastaufkommens im öffentlichen Nahverkehr zu verzeichnen. Dies gilt in besonderem Maße für den ländlichen Raum, die sogenannte "Fläche". Ein stetiger Rückzug der Deutschen Bundesbahn (DB) aus der Fläche und das gleichzeitige verstärkte Engagement im qualifizierten Fernverkehr vergrößerten noch weiter die Diskrepanz zwischen Nah- und Fernverkehr, aber auch zwischen Verdichtungsräumen und ländlichem Raum. Dadurch verschlechtert sich die Mobilität für den nichtmotorisierten Bevölkerungsteil in zunehmendem Maße.

Diese Entwicklung steht im krassen Widerspruch zu den Forderungen und Zielen der Bundes- und Landesraumordnungsprogramme. Hierin wird gefordert, daß die Lebensbedingungen in allen Teilgebieten gleichwertig sein sollen.[1]

Um diesem Ziel näherzukommen, sollen in diesem Forschungsvorhaben Möglichkeiten aufgezeigt werden, den ländlichen Raum wieder besser an den Schienenfernverkehr anzubinden. Mit Infrastrukturmaßnahmen, aber auch mit neuen Verkehrskonzepten soll die bisherige Entwicklung gestoppt werden. Ein Schritt in die richtige Richtung waren die Vereinbarungen der Länder mit der DB über den Erhalt von Bahnstrecken. Darüber hinaus muß aber in vielen Einzelfällen sorgfältig eine Analyse der vorhandenen Strukturen durchgeführt werden, um ein jeweils für eine Region angemessenes Angebot des öffentlichen Verkehrs (ÖV) zu schaffen.

1.1 Aufgabenstellung

Das vorliegende Forschungsvorhaben soll auf der Grundlage der Ziele der Raumordnung und Landesplanung Möglichkeiten untersuchen, den ländlichen Raum besser an den überregionalen Verkehr anzubinden. Entscheidend ist hierbei, die in den Regionen vorhandenen Angebote der Deutschen Bundesbahn an den Aspekten Erschließungs- und Bedarfsdeckungsprinzip zu messen und darzustellen sowie sie mit vorhandenen neuen Angeboten zu vergleichen. In einem weiteren Schritt sollen Übergangs- und Zugangswiderstände untersucht und Möglichkeiten zu ihrer Minimierung aufgezeigt werden.

Diese in den oben genannten Punkten zusammengetragenen Möglichkeiten sollen anhand eines Untersuchungsraumes beispielhaft dargestellt werden.

1.2 Vorgehensweise der Untersuchung

Zu Beginn der Untersuchung wird ein kurzer Abriß über die raumordnerischen Ziele und Grundsätze gegeben. Hierbei soll der Begriff "Fläche" definiert und die Untersuchung somit abgegrenzt werden.

Der nächste Arbeitsschritt umfaßt die Analyse von Angebotsstrukturen im ländlichen Raum sowie speziell der Schiene. Dies soll unter den Aspekten des Erschließungs- und Bedarfsdeckungsprinzips geschehen. Daran anschließend werden in einem kurzen Abriß die derzeitigen Strukturen im Güterverkehr aufgezeigt.

In einem weiteren Schritt soll versucht werden, das Zusammenwirken der Systeme zu untersuchen. Es werden hier auch verschiedene Einflußgrößen auf die Verkehrsmittelwahl theoretisch durchleuchtet. Anschließend werden die Kriterien auf Beispiele in Niedersachsen angewandt. Hierbei wird auch ein Untersuchungsgebiet abgesteckt, für das im letzten Arbeitsschritt Verbesserungsmöglichkeiten aufgezeigt werden.

2. Raumordnerische Abgrenzung der Untersuchung

2.1 Grundsätze und Ziele der Raumordnung

Nach § 1 des Raumordnungsgesetzes ist das Bundesgebiet "in seiner allgemeinen räumlichen Struktur einer Entwicklung zuzuführen, die der freien Entfaltung der Persönlichkeit in der Gemeinschaft am besten dient. Dabei sind die natürlichen Gegebenheiten sowie die wirtschaftlichen, sozialen und kulturellen Erfordernisse zu beachten". Gebiete, in denen die Voraussetzungen für eine solche Entwicklung vorhanden sind, sollen weiterentwickelt werden; in Gebieten, in denen die Voraussetzungen fehlen, sollen strukturverbessernde Maßnahmen ergriffen werden. Das Ziel ist die Schaffung gleichwertiger Lebensbedingungen in den einzelnen Teilräumen des Landes.

Zur Verwirklichung dieses Zieles und einer gleichmäßigen Versorgung der Bevölkerung dient ein mehrstufiges System zentraler Orte, denen unterschiedliche Aufgaben zukommen. Das niedersächsische Landesraumordnungsprogramm[2] (LROP) von 1982 sieht drei Stufen zentraler Orte vor:

- Oberzentren mit zentralen Einrichtungen zur Deckung des spezialisierten höheren Bedarfs,
- Mittelzentren mit zentralen Einrichtungen zur Deckung des gehobenen Bedarfs,
- Grundzentren mit zentralen Einrichtungen zur Deckung des allgemeinen täglichen Bedarfs.

In Niedersachsen sind derzeit 86 Mittel- und sieben Oberzentren ausgewiesen. Darüber hinaus besitzen Bremen, Bremerhaven, Hamburg-Harburg und Kassel für angrenzende niedersächsische Gebiete oberzentrale Funktion.

Aufgrund ihrer überörtlichen Funktion als Arbeitsplatz-, Ausbildungs- und Versorgungszentren haben die zentralen Orte für ihr jeweiliges Einzugsgebiet (Verflechtungsbereich) eine Mittelpunkt-Bedeutung. Daraus ergibt sich zwingend die Notwendigkeit einer infrastrukturellen Verflechtung zwischen zentralem Ort und Einzugsgebiet. Das gilt sowohl für den Individualverkehr als auch für den öffentlichen Personennahverkehr (ÖPNV). Im LROP Niedersachsen heißt es dazu: "In den ländlichen Räumen ist der öffentliche Personennahverkehr zu sichern und zu verbessern; eine qualitativ angemessene Verkehrsbedienung sowie eine bedarfsgerechte Linienführung und Fahrplangestaltung sind sicherzustellen. Ein auf das Schienennetz abgestimmtes und die Siedlungsstruktur ausgerichtetes Bussystem ist vorzuhalten".[3]

Die Zielsetzungen der Ministerkonferenz für Raumordnung (MKRO) vom 12.11.1979 konkretisieren die Bedienungsstandards für den ÖPNV im ländlichen Raum[4]:

- Die Erschließungsqualität ist im wesentlichen zu messen an Reisezeit, Bedienungshäufigkeit und Komfort der Verbindung zwischen den zentralen Orten verschiedener Stufe sowie den Siedlungseinheiten und ihren zentralen Orten, insbesondere den Mittelzentren.
- Die Erschließung ist i.d.R. dann unangemessen, wenn die Reisezeit zwischen einer Siedlungs-

einheit und dem zugehörigen zentralen Ort mittlerer Stufe mehr als 45 Minuten beträgt.
- Die Bedienungshäufigkeit sollte zwischen Siedlungseinheiten und dem zentralen Ort mittlerer Stufe an Werktagen i.d.R. nicht unter drei Fahrtenpaare sinken. In dichter besiedelten Teilen des ländlichen Raumes ist eine höhere Bedienungshäufigkeit anzustreben.
- Der Schienenverkehr hat auch im ländlichen Raum zur Bewältigung des ÖPNV beizutragen.

In ihrer Entschließung vom 21. März 1985 unterstreicht die Ministerkonferenz für Raumordnung die Bedeutung des Schienenverkehrs auch für ländliche Räume. Im Sinne einer gleichwertigen Entwicklung aller Teilräume dürfte keine Überbetonung einiger weniger leistungsfähiger Strecken einerseits und ein Rückzug aus ganzen Regionen andererseits stattfinden. Vielmehr sei durch systematische Instandhaltung und Verbesserung das gesamte Netz schneller und leistungsfähiger zu machen.[5]

2.2   Definition "Ländlicher Raum" bzw. "Fläche"

Der "Ländliche Raum" bzw. synonym die "Fläche" ist eine schwierig abzugrenzende Raumkategorie. Durch den historischen Strukturwandel, vor allem das Zurücktreten der Landwirtschaft als wichtigster Erwerbszweig einerseits und die Verbreitung städtischer Wohn-, Lebens- und Erwerbsformen andererseits, sind Abgrenzungskriterien wie Agrarquote, Gemeindegröße oder physiognomische Merkmale nur noch bedingt aussagefähig. Zudem ist der ländliche Raum kein homogenes Gebilde, sondern zeichnet sich in seinen Teilgebieten durch unterschiedliche Wirtschaftskraft, landwirtschaftliche Nutzung, Bevölkerungsentwicklung, Erholungsfunktionen, ökologisches Potential u.a.m. aus.

Bei aller Heterogenität lassen sich aber auch typische Eigenschaften erkennen, die die Fläche von Verdichtungsräumen unterscheiden:

- relativ geringe Bevölkerungsdichte,
- überwiegend dispers gelegene, kleine Siedlungen,
- hoher Pendleranteil, bei beträchtlichem Auspendlerüberschuß,
- relativ niedrige Wirtschaftskraft,
- geringes Angebot an qualifizierten Arbeitsplätzen,
- Abwanderung der jüngeren Generation,
- periphere Lage zu den Ballungsgebieten,
- großes Freiflächen- und Freiraumpotential,
- Vorherrschen natürlicher Landschaftselemente.[6]

In der Praxis verwendet die Raumordnung den Begriff "ländlicher Raum" daher oft auch als Sammelbegriff für alle Gebiete außerhalb der Verdichtungs- bzw. Ordnungsräume, die wiederum von der Ministerkonferenz für Raumordnung genau festgelegt worden sind.[7]

Neben der reinen Negativabgrenzung gegenüber Verdichtungsräumen gibt es zahlreiche Beispiele für eine Typisierung des ländlichen Raumes. In Abhängigkeit von den gewählten

Kriterien und Schwellenwerten schwanken die Typenzahl und die Zuordnung einzelner Teilräume.

Im Bundesraumordnungsbericht von 1986 werden drei siedlungsstrukturelle Gebietstypen unterschieden:

I.   Regionen mit großen Verdichtungsräumen,
II. Regionen mit Verdichtungsansätzen,
III. ländlich geprägte Regionen.

Dabei wird auch in den Gebietstypen I und II jeweils eine Untergruppe "ländliches Umland" ausgewiesen.

Nach dieser Einteilung ergibt sich für die 38 niedersächsischen Landkreise folgende Zuordnung:

- ländliches Umland des Gebietstyps I: 19 Landkreise,
- ländliches Umland des Gebietstyps II: zehn Landkreise,
- Gebietstyp III: neun Landkreise und die kreisfreie Stadt Emden.

Tab. 1: Strukturräume in Niedersachsen

Raumtyp (Ordnungsräume mit Namen)	Einwohner (30. 6. 88)	Anteil (in %)	Fläche (qkm)	Anteil (in %)	Dichte (E/qkm)
Ordnungsraum Hamburg	395.001	5,5	2.081	4,4	190
Ordnungsraum Bremerhaven	77.490	1,1	609	1,3	127
Ordnungsraum Bremen	401.227	5,6	2.044	4,3	196
Ordnungsraum Wilhelmshaven	118.761	1,7	217	0,5	547
Ordnungsraum Oldenburg	175.652	2,5	450	0,9	390
Ordnungsraum Osnabrück	330.447	4,6	975	2,1	339
Ordnungsraum Hannover	1.296.367	18,1	3.086	6,5	420
Ordnungsraum Braunschweig	876.030	12,2	2.741	5,8	320
Ordnungsraum Göttingen	140.345	2,0	247	0,5	568
Ordnungsraum Kassel	33.262	0,5	199	0,4	167
Ordnungsräume gesamt	3.844.582	53,6	12.649	26,7	304
Ländliche Räume	3.324.621	46,4	34.790	73,3	96
Niedersachsen	7.169.203	100,0	47.439	100,0	151

Lediglich die übrigen acht kreisfreien Städte in Niedersachsen gehören in die Kategorien "Kernstädte" bzw. "hochverdichtetes Umland" (z.B. Delmenhorst).[8]

Problematisch an dieser Einteilung ist die zugrundeliegende Bezugsebene: Landkreis bzw. kreisfreie Stadt. Räumliche Disparitäten innerhalb der Landkreise, die z.T. beträchtlich sind, werden nivelliert. Dies wird insbesondere an großflächigen Landkreisen, die an Verdichtungsräume angrenzen, deutlich, z.B. Cuxhaven, Diepholz, Gifhorn, Göttingen, Hildesheim oder Osnabrück.

Da die Probleme des ÖPNV im ländlichen Raum prinzipiell ähnlich sind, kann im folgenden auf eine detaillierte Typisierung verzichtet werden. Für Niedersachsen soll deshalb die Abgrenzung des Landesraumordnungsprogramms 1982 zugrunde gelegt werden (s. Abb. 1).

Danach ergibt sich folgende Raum- und Bevölkerungsaufteilung (s. Tab. 1, S. 5), wobei zu beachten ist, daß für Hamburg, Bremerhaven, Bremen und Kassel nur der niedersächsische Anteil des Ordnungsraums angegeben ist[9].

Nach dieser Abgrenzung entspricht der ländliche Raum damit auch weitgehend den Gebieten, die nicht vom qualifizierten Schienennahverkehr (S-Bahn, City-Bahn) oder den Buslinien der Verkehrsverbünde erschlossen werden.

Abb. 1: Ländlicher Raum in Niedersachsen

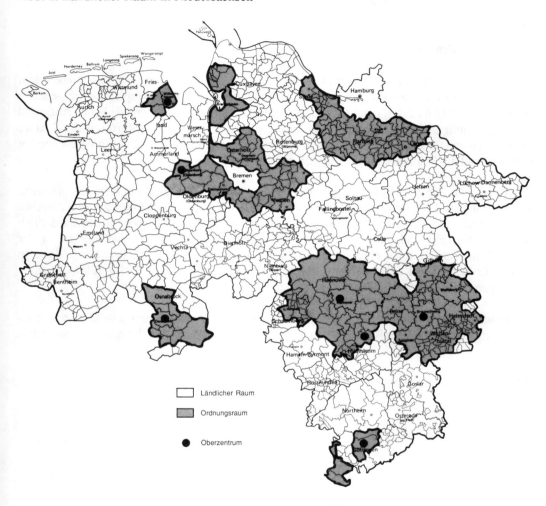

Quelle: Nds. Min. d. Innern 1982

3. Angebotsstrukturen im ländlichen Raum

3.1 Bedienungsprinzipien im öffentlichen Verkehr

Der ÖPNV im ländlichen Raum wird überwiegend mit Bussen abgewickelt. Neben dem normalen Linienverkehr nach § 42 Personenbeförderungsgesetz (PBefG) spielt der freigestellte Schülerverkehr (§ 43 PBefG) eine wichtige, vielerorts sogar die dominierende Rolle. Aufgrund seiner genehmigungsrechtlichen Bestimmungen ist er speziell auf die Bedürfnisse der Schüler abgestimmt und für andere Fahrgäste nur in beschränktem Maß attraktiv, zumal an Wochenenden und während der Schulferien keine Fahrten stattfinden.

In den vom Schienenverkehr der DB erschlossenen Gebieten zeichnet sich eine ähnliche Entwicklung ab. An Wochenenden gibt es entweder ein sehr ausgedünntes oder gar kein Angebot an Zugfahrten. An Werktagen finden teilweise nur unregelmäßig Zugfahrten statt, hauptsächlich im Schülerverkehr und zu den Hauptverkehrszeiten. In den frühen Abendstunden ist der Zugverkehr ebenfalls meist eingestellt. Zu diesen Zeiten wird nur noch mit dem Bus bedient. In weiten Gebieten wird auch während der Hauptverkehrszeit eine parallel geführte Buslinie angeboten.

Dieses oben beschriebene Prinzip der Bedienung des ländlichen Raumes ist rein nachfrage-orientiert. Allerdings ist der Rückgang der Nachfrage auf die Rücknahme des Angebots besonders

Abb. 2: Bedienungsprinzipien im öffentlichen Verkehr

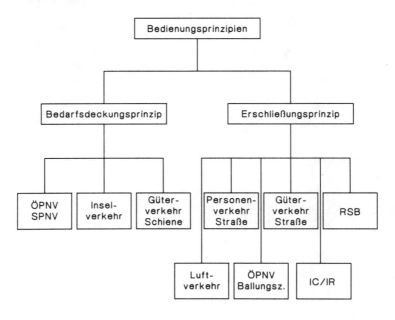

im Schienenpersonennahverkehr zurückzuführen. Dieses nachfrageorientierte Bedienungsprinzip bezeichnet man als Bedarfsdeckungsprinzip.

Im Gegensatz dazu steht das Erschließungsprinzip. Dieses angebotsorientierte Bedienungsprinzip wird überwiegend in Verdichtungsräumen angewendet. Es handelt sich hierbei überwiegend um nach Takt- oder rhythmischen Fahrplänen verkehrende Busse oder Bahnen. Es wird auch während der Schwachverkehrszeiten und an Wochenenden ein attraktives Angebot vorgehalten. Beispiele für dieses Bedienungsprinzip sind bei der DB die Produkte Regionalschnellbahn, City-Bahn und S-Bahn sowie vertaktete Eilzüge im Bereich des Personenverkehrs. Eine Parallele zum Erschließungsprinzip im ÖPNV findet man auch im Individualverkehr (IV). Der IV ist ebenfalls nach den Grundsätzen des Erschließungsprinzips ausgelegt.

Erschließungsprinzip bedeutet nicht, daß man nicht bedarfsorientiert bedienen kann, wie die Beispiele Rufbus und Anruf-Sammel-Taxen zeigen. Es ist entscheidend, daß für den Kunden ein Angebot existiert, das schnell erreichbar ist und einen bestimmten Grundstandard nicht unterschreitet.

Die im nachstehenden Kapitel angeführten Angebotsstrukturen der DB-Schiene sind am Erschließungsprinzip orientiert.

3.2   Typisierung von Betriebs- und Angebotsformen

Im folgenden Abschnitt sollen einige Begriffe definiert werden, die in dieser Arbeit verwendet werden.

Taktfahrplan

Unter Taktfahrplan versteht man ein konstantes Zeitmaß zwischen gleichen Fahrplantrassen. Daneben gibt es noch Taktfahrpläne mit veränderlichen Taktzeiten (rhythmischer, flexibler, quasi starrer Fahrplan).

Ein Taktfahrplan hat einen äußeren und zwei innere Freiheitsgrade. Der äußere Freiheitsgrad bezeichnet die Lage im Fahrplan (Taktzeit), die inneren Freiheitsgrade ergeben sich durch die Wendezeiten.

Rhythmische Fahrpläne

Hier wird vom starren Taktfahrplan abgewichen, indem z.B. einige Kurse auf Schulanfangszeiten oder Fernverkehrsanschlüsse abgestimmt werden. Es bleibt aber annähernd ein Taktfahrplan erhalten.

Abb. 3: Taktfahrplan

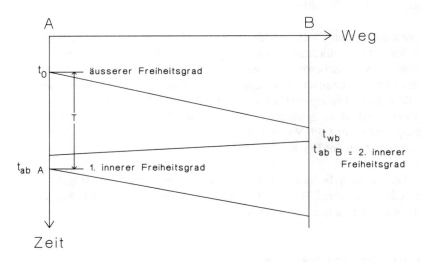

Verknüpfung von Fern-/Regional- und Lokalverkehren

Es werden günstige Anschlüsse in den Verknüpfungspunkten mit geringen Übergangszeiten zwischen den Systemen geschaffen. Als Beispiel netzweiter Vertaktung mit günstigen Anschlüssen ist in Abbildung 4 der Raum Südschwarzwald/Donautal dargestellt, wo Taktfahrpläne weitgehend verwirklicht wurden.

Mischverkehr

Strecken werden durch den Personen- und Güterverkehr gemeinsam genutzt.

Entmischung der Verkehrsarten

Die Verkehrsarten werden räumlich oder zeitlich getrennt, z.B. tagsüber Personen- und nachts Güterverkehr. Bei räumlicher Trennung werden die Verkehrsarten z.B. auf parallel verlaufende Strecken aufgeteilt.

Abb. 4: Verknüpfung von Fern-/Regional- und Lokalverkehren

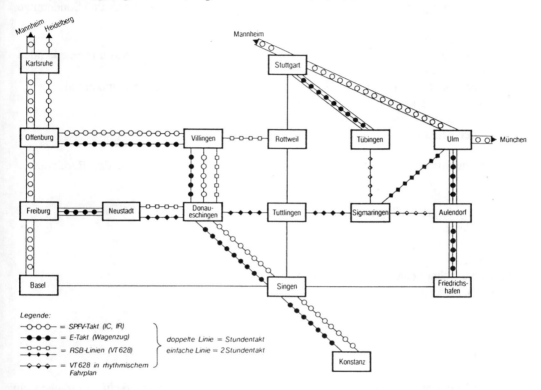

Quelle: Göbertshahn/Häfele 1988, S. 690

3.3   Angebotsstrukturen der DB-Schiene

Personenverkehr

Um den Anteil der Bahn am Gesamtverkehrsaufkommen im Personenverkehr wieder zu erhöhen, hat die DB im Rahmen der Strategie "Die neue Bahn" das "Zielmodell im Markt"[10] entwickelt. Folgende Zielsetzungen sind darin enthalten:

- Verbesserung des Fernverkehrs
  - Verkürzung der Reisezeiten durch Ausnutzung von Höchstgeschwindigkeiten bei Strecken und Fahrzeugen sowie durch Fahrplanmaßnahmen
  - Ausbau und Verdichtung des Top-Angebotes im IC/EC-Verkehr
  - Ausbau und Verdichtung des Angebotes im InterRegio-Verkehr
  - Ausbau des Angebotes für den touristischen Verkehr

- Verbesserung internationaler Verkehrsverbindungen
- Vereinfachung der Tarifstruktur aufgrund von Erfahrungen aus Versuchs- und Sonderangeboten
- Verbesserung des Bezirks- und Nahverkehrs
  - Verkehrsbedienung außerhalb der Ballungsräume mit Bahn und/oder Bus und eine kundenfreundliche Verknüpfung beider Systeme
  - Ausbau von Taktverkehren auf Strecken mit entsprechendem Reisendenpotential
  - Verstärkte Kooperation mit Dritten (Bus- und Taxiunternehmen)
- Verbesserung des Erscheinungsbildes
- neue Preisstruktur.

Die Produktpalette der DB im Personenverkehr gliedert sich zukünftig in drei Bereiche:[11]

- Schnellverkehr
  (InterCity-Expreß [ICE]/InterCity [IC]/ EuroCity [EC])
- Fernverkehr
  (InterRegio/Fern-D-Züge)
- Nahverkehr
  - Regionalschnellbahn(RSB)/Regionalbahn
  - City-Bahn
  - S-Bahn

Güterverkehr

Für den Güterverkehr hat die DB ebenso wie für den Personenverkehr ein Zielsystem formuliert. Dieses Zielsystem läßt sich in zwei Hauptziele unterteilen:

- Konzentration, Verbesserung der Wirtschaftlichkeit
  Reduzierung der Anzahl der Wagenumstellungen, Konzentration auf aufkommensstarke Relationen, Verringerung der Produktionskosten. Maßnahmen hierzu sind u.a.
  - Umwandlung von Rangierbahnhöfen (Rbf) in Knotenpunktbahnhöfe (Kbf) und von Kbf in Satelliten
  - Aufgabe der aufkommensschwachen Tarifpunkte
  - Verbesserung der Leistungsfähigkeit von verbleibenden Rangierbahnhöfen, Reduzierung der Anzahl der schienenbedienten Stückgutbahnhöfe,

- Partizipierung an Wachstumsmärkten
  Schaffung zukunftsorientierter Marktangebote, Beschleunigung der Züge und Nutzung innovativer Techniken. Maßnahmen hierzu sind:
  - Verstärkte Kooperation mit anderen Verkehrsträgern (vor allem Lkw),
  - Verbesserung des Fahrplanangebotes für hochwertige Züge des Kombinierten Verkehrs (spätere Ladeschlußzeiten, frühere Bereitstellungszeiten),
  - Nutzung der Neubaustrecken für hochwertige Güterzüge,

- Verlagerung von Formalien und Untersuchungen bei grenzüberschreitenden Verkehren von den Grenzbahnhöfen auf Binnen-Rbf, wo die Züge ohnehin Aufenthalt haben,
- Nutzung der Produktionsform des Kombinierten Verkehrs für den Marktbereich der Teilladungen (KKV = Kombinierter Kleingut-Verkehr, Cargo 2000),
- Hochgeschwindigkeitsgüterverkehr mit 160 km/h auf den Neubaustrecken (InterCargoExpreß),
- Nutzung bimodaler Techniken (z.B. Road Railer),
- Bedienung von Güterverkehrszentren (GVZ),
- Erhöhung der Leistungsfähigkeit der Hauptabfuhrstrecken und Nebenfernstrecken durch LZB,
- Erhöhung der Leistungsfähigkeit der KV-Terminals.

Alle Maßnahmen zielen auf eine Verbesserung der Verbindungen zwischen Ballungsräumen. Mit den bisherigen Konzepten und auch dem vorh. Kombinierten Verkehr kann die DB offensichtlich kein schienengebundenes, marktadäquates Verkehrsangebot für die Fläche offerieren, u.a. auch deshalb, weil der Lkw aufgrund des gut ausgebauten Straßennetzes und seiner internen Konkurrenz nahezu unschlagbare Transportqualitäten und Preise im Haus-Haus-Verkehr bietet.

3.4 Angebotsstrukturen des Verkehrssystems Bus

Das Verkehrsmittel Bus, das in erster Linie als Zu- bzw. Abbringer zu den schienengebundenen Verkehrsmitteln dienen sollte, wird in drei Betriebsarten unterteilt:

- Linienbetrieb
- Bedarfs- und Richtungsbandbetrieb
- Anruf-Sammeltaxen (AST)

Linienbetrieb

Die in der Fläche überwiegend vorhandene Bedienungsform ist die Bedienung mit Standardüberlandbussen (StülB) im Linienverkehr. "Linienverkehr ist eine zwischen bestimmten Ausgangs- und Endpunkten eingerichtete regelmäßige Verkehrsverbindung, auf der Fahrgäste an bestimmten Haltestellen ein- und aussteigen können. Er setzt nicht voraus, daß ein Fahrplan mit bestimmten Abfahrts- und Ankunftszeiten besteht oder Zwischenhaltestellen eingerichtet sind."[12] Die vorhandene Bedienungshäufigkeit orientiert sich überwiegend an der Nachfrage mit der Folge, daß in einigen Gebieten nicht einmal die Mindestbedienung von drei Fahrten pro Tag[13] erreicht wird.

Die Verknüpfung der Buslinien untereinander sowie zu den anderen Systemen ist zum Teil unkoordiniert, woraus lange Übergangszeiten entstehen. Weitere Gründe hierfür sind die Aufteilung der Konzessionen, das Vorhandensein von historisch gewachsenen Netzen und der freigestellte Schülerverkehr, der für viele Busunternehmer lukrativer ist als der normale Linien-dienst, da die Einnahmen von den Landkreisen unabhängig von der tatsächlichen Anzahl der mitfahrenden Schüler abgegolten werden. Wegen dieser ungünstigen Situation wurden neue Konzeptionen entwickelt, die vom BMFT und BMV gefördert werden. Es handelt sich hierbei u.a. um folgende Nahverkehrsmodelle:

- Hohenlohe-Modell
- Wunsiedel (ehemals Zonenrandgebiet)
- Schleswig - Süderbrarup.

Träger des Hohenlohe-Modells ist der Hohenlohekreis, der auch die Verantwortung für die ÖPNV-Gestaltung trägt. Bei diesem Modell handelt es sich um ein Bussystem, dessen Netzstruk-tur auf die Mittelzentren ausgerichtet ist. Durch die Einbeziehung des freigestellten Schülerver-kehrs wurde eine Konzentration der Nachfrage erreicht. Es gilt ein Flächenzonentarif. Im Jahr 1983 konnte ein Kostendeckungsgrad von 94 % (ohne Betriebszuschüsse) erzielt werden.[14]

Abb. 5: Betriebsformen des bedarfsgesteuerten Bussystems

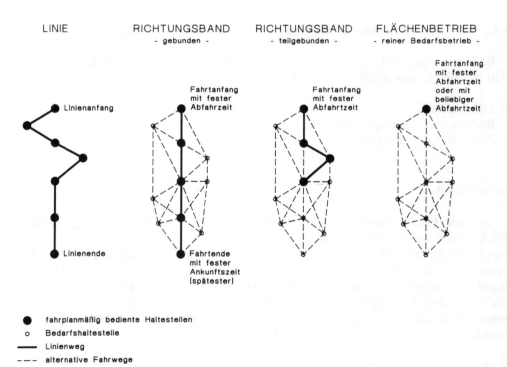

LINIE   RICHTUNGSBAND - gebunden -   RICHTUNGSBAND - teilgebunden -   FLÄCHENBETRIEB - reiner Bedarfsbetrieb -

Linienanfang

Fahrtanfang mit fester Abfahrzeit

Fahrtanfang mit fester Abfahrzeit

Fahrtanfang mit fester Abfahrtzeit oder mit beliebiger Abfahrtzeit

Linienende

Fahrtende mit fester Ankunftszeit (spätester)

● fahrplanmäßig bediente Haltestellen
o Bedarfshaltestelle
— Linienweg
– – – alternative Fahrwege

Quelle: Zeitvogel 1989, S. 17

Das ÖPNV-Modellvorhaben Wunsiedel hatte die Stärkung des Schienenpersonennahverkehrs unter Berücksichtigung der besonderen Probleme des ehemaligen Zonenrandgebiets zum Ziel. Der Buslinienverkehr sollte durch weitestgehende Integration des freigestellten Schülerverkehrs gestärkt werden und Zubringerfunktionen für den Schienenverkehr übernehmen. Verbunden damit war die Einführung eines einheitlichen Bustarifs und eines Übergangstarifs Schiene/Bus.[15]

Das Pilotvorhaben Schleswig-Süderbrarup-Kappeln (Kreis Schleswig-Flensburg) baut auf dem Hohenlohe-Modell auf. Das vorhandene Busnetz wurde neugestaltet, was zu Rationalisierungen, Attraktivitätssteigerungen und beträchtlichen Mehrleistungen führte. Ausgehend von einem Busgrundnetz für Schleswig Holstein wurde ein flächendeckendes Busnetz für diesen Raum entwickelt. Wie in den beiden oben genannten Fällen wurde der Schülerverkehr in den Linienverkehr integriert.[16]

Bedarfsgesteuerte Bussysteme

Systeme, die sich an der Nachfrage orientieren, aber einen Mindestbedienungsstandard gewährleisten, werden als bedarfsgesteuert bezeichnet. Diese Bussysteme verkehren nach Anforderung durch den Fahrgast in zwei Betriebsformen:

- Richtungsbandbetrieb:
Analog zum Linienbetrieb bewegt sich beim Richtungsbandbetrieb der Bus richtungsorientiert zwischen einem Linienanfangs- und -endpunkt. Das Band ist gekennzeichnet durch Grundhaltestellen, die unabhängig vom Bedarf angefahren werden, sowie durch Bedarfshaltestellen, die nur auf Anforderungen bedient werden. Die Grundhaltestellen eines Richtungsbandes stellen in der Regel den kürzesten Weg zwischen Anfangs- und Endpunkt des Richtungsbandes dar.

- Bedarfsbetrieb (Flächenbetrieb):
Haltestellen werden bedarfsabhängig, ohne feste Reihenfolge und zeitliche Bindung bedient; Beförderung nur nach Anmeldung möglich.

Beide Systeme sind zur Zeit im Großraum Hannover, in Wunstorf und Neustadt/Rbge. im Einsatz. Besonders in den Gebieten mit einer großen Zahl von Anforderungen ist ein Prozeßrechner zur Koordination und Disposition erforderlich. Dies macht den Einsatz von rechnergestützten Betriebsleitsystemen (RBL) erforderlich (s. Anl. 3.1, Prinzipskizze).

Weitere Betriebsformen auf dem Gebiet der bedarfsgesteuerten Bedienung werden zur Zeit im früheren Bundesgebiet erprobt, zum Beispiel in Kaufungen und Vellmar (Nordhessen) das System Anruf-Sammel-Taxen.

Das System Anruf-Sammel-Taxen beruht auf der Beförderung von Fahrgästen mit Taxen und/ oder Mietwagen. Die gesetzliche Grundlage dazu bietet der § 49 des Personenbeförderungsgesetzes (PBefG). In den Orten Kaufungen und Vellmar existiert jeweils ein Busgrundnetz, das die beiden Orte mit dem nahen Oberzentrum Kassel verbindet. Die Anruf-Sammel-Taxen übernehmen den Zubringerverkehr zum Bus (in Kaufungen auch zu einer Straßenbahnendstation der Kasseler Verkehrsbetriebe) bzw. Teile des innerörtlichen Verkehrs in den Orten. Es existiert ein Fahrplan, in dem Circa-Abfahrtszeiten angegeben werden, zu denen die Fahrgäste nach erfolgter Anmeldung abgeholt werden können. Es erfolgt eine Haus-Haus-Bedienung.

Der Bus bietet also zahlreiche Möglichkeiten, als Zu- bzw. Abbringer zum schienengebundenen Verkehr zu dienen.

4. Angebotsstruktur der Schiene

4.1 Personenfernverkehr (DB)

Das Angebot der DB im Bereich des Personenverkehrs ist zur Zeit stark fernverkehrsorientiert. Dies zeigen auch der Bau der Neubaustrecken (NBS) für eine maximale Geschwindigkeit von 250 km/h und die Ausbaumaßnahmen an den bestehenden Strecken, vorwiegend für den IC/EC-Verkehr. Das IC-Netz besteht zur Zeit aus fünf Linien mit Stundentakt. Das System ist ein hochwertiges Verkehrsmittel bezüglich Komfort, Pünktlichkeit und Schnelligkeit. Es verbindet die Ballungsräume untereinander.

In das IC-Netz integriert ist der Rhein-Main-Flughafen in Frankfurt am Main. Mit der Eröffnung der Neubaustrecken und der gleichzeitigen Inbetriebnahme des InterCity-Expreß (ET 401) wird im Juni 1991 neben den Linien 4 (Hamburg - Würzburg - München) und 6 (Hamburg - Frankfurt - München) der Takt durch Einführung der Linie 3 (Braunschweig - Frankfurt - Basel) verdichtet.

Im Bereich des Landes Niedersachsen verkehren zur Zeit vier IC-Linien:

Linie 1   Hamburg - Bremen - Osnabrück - (Köln - München)
Linie 2   Hannover - (Bielefeld - Köln - München)
Linie 3   Hamburg - Hannover - Göttingen - (Frankfurt - Mannheim - Basel)
Linie 4   Hamburg - Hannover - Göttingen - (Fulda - Würzburg [- Nürnberg] - München)
Linie 4a   Hannover - Bremen - Oldenburg/Bremerhaven

Das voraussichtlich im Jahr 1991 realisierte IC-Netz zeigt Abbildung 6. Das Kernnetz wird mindestens im Stundentakt betrieben. Daneben gibt es einzelne Verlängerungen über die Linienendpunkte hinaus, beispielsweise nach Westerland oder Passau.

Unterhalb des Systems InterCity bietet die Bahn das InterRegio-Konzept an. Im Gegensatz zum IC-Netz, das die Oberzentren miteinander verknüpft, verbindet das IR-Netz die Mittelzentren mit den Oberzentren und stellt somit den Anschluß an das IC-Netz her. Es existieren z.Z. drei Linien, die in einem 2-Stunden-Takt verkehren. Das Netz soll ständig erweitert werden, um die bisherige Bundesrepublik flächendeckend zu erfassen (s. Abb. 7). Um auch das Wagenmaterial anzupassen, werden sukzessive ehemalige D-Zug-Wagen modernisiert.

In Niedersachsen besteht derzeit eine IR-Linie (Nr. 12) von Hamburg über Hannover, Göttingen nach Kassel und Fulda. Dieser ersten IR-Linie folgen weitere Linien (s. Abb. 7), womit das Land Niedersachsen flächendeckend erschlossen werden soll. Es handelt sich hierbei um folgende Relationen:

- (Norddeich -) Rheine - Münster (- Heidelberg)
- (Amsterdam -) Rheine - Osnabrück - Hannover -Braunschweig

Abb. 6: InterCity/EuroCity-Netz 1990/91

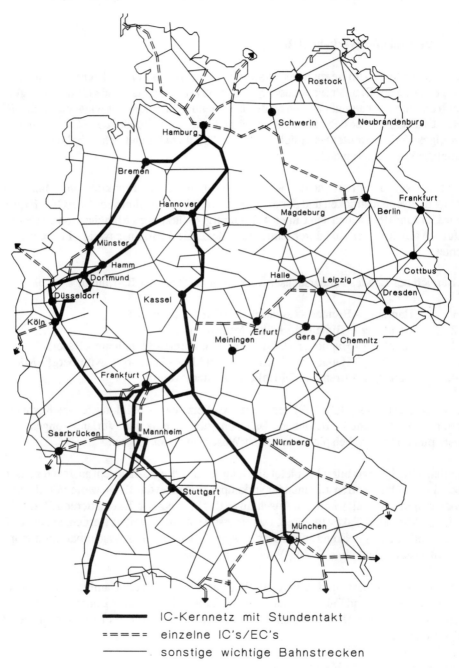

IC-Kernnetz mit Stundentakt
einzelne IC's/EC's
sonstige wichtige Bahnstrecken

Quelle: Die Bundesbahn 5/90

Abb. 7: InterRegio-Netz 1991

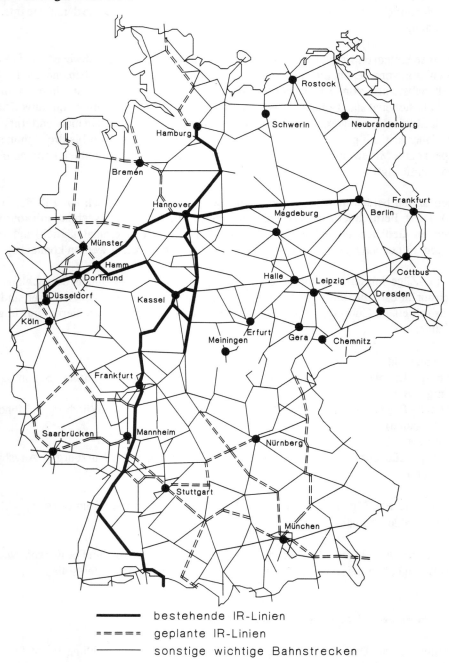

bestehende IR-Linien

===== geplante IR-Linien

──── sonstige wichtige Bahnstrecken

Quelle: Die Bundesbahn 5/90

- (Köln - Dortmund -) Hannover - Braunschweig (- Berlin)
- und Oldenburg/Bremerhaven - Bremen - Hannover als Nachfolger für die derzeitige InterCity-Verbindung.

In letztgenanntem Fall ist zwischen Bremen und Hannover nur ein Halt, abwechselnd in Verden bzw. Nienburg, vorgesehen, um eine hohe Reisegeschwindigkeit zu erreichen und den Mindesthaltestellenabstand[17] von 30 km einzuhalten. Ein grundsätzliches Festhalten an diesem Mindesthaltestellenabstand kann dazu führen, daß wichtige regionale Zentren nur unvollständig an das InterRegio-Netz angeschlossen sind, weil sie nicht weit genug voneinander entfernt liegen. Es muß daher kritisch geprüft werden, ob ein Fahrzeitgewinn von zwei bis drei Minuten das Abkoppeln eines Mittelzentrums mit etwa 30.000 Einwohnern von bestimmten Fernverkehrsrelationen rechtfertigt.

Neben diesen beiden im Taktverkehr bedienten Netzen existiert noch das FD-Netz (Fern-Expreß). Diese Fernschnellzüge verbinden in erster Linie die Ballungsgebiete mit touristisch interessanten Gebieten in Süddeutschland. Die Züge verkehren einmal täglich und führen Kurswagen, mit denen weitere Urlaubsziele ohne Umsteigen erreicht werden können.

Drei FD-Züge fahren von Hamburg zu den Urlaubsgebieten im Süden Deutschlands. Sie bedienen nur die östliche Hälfte von Niedersachsen. Aus dem westlichen Niedersachsen sind diese Züge nur mit einem Zubringerverkehrsmittel erreichbar. Es handelt sich hierbei um folgende Schnellzüge:

FD 'Schwarzwald'
    Hamburg - Lüneburg - Uelzen - Celle - Hannover - Göttingen (- Karlsruhe - Seebrugg)
FD 'Königssee'
    Hamburg - Bremen - Verden - Nienburg - Hannover - Göttingen (- Würzburg - München - Berchtesgaden)
FD 'Alpenland'
    Hamburg - Lüneburg - Uelzen - Celle - Hannover - Göttingen (- Würzburg - Augsburg - Oberstdorf)

Zwei weitere FD-Züge ('Fehmarn' und 'Harz') aus Koblenz bzw. Köln bedienen Urlaubsgebiete in Norddeutschland.

Neben diesen Angeboten gibt es noch eine Reihe weiterer Angebote im Fernverkehr wie zum Beispiel D-Züge, Autoreisezüge etc., die hier nicht weiter erwähnt werden sollen.

4.2   Personennahverkehr (DB) in der Region

Aufgrund der in Abschnitt 1 angesprochenen rückläufigen Entwicklung des öffentlichen Nahverkehrs in der Fläche wurden Konzepte für einen großflächigeren Raum (z.B. Schleswig-Holstein, Baden-Württemberg) entwickelt. Die allgemeinen Ziele dieser Konzepte sind:

- Vorhaltung eines leistungsfähigen Angebots im ÖV (Daseinsvorsorge)
- Stärkung des ÖV-Anteils am Gesamtverkehr
- Stabilisierung des Wirtschaftsergebnisses der DB
- leistungsfähige Verbindung zu Ober-, Mittel- und Grundzentren
- Erhöhung der Reisegeschwindigkeit
- Anbindung an Fernverkehr
- Verknüpfung mit anderen Verkehrsträgern.

Diese Konzepte sind erst im Aufbau begriffen, sollen aber langfristig die Bundesrepublik flächendeckend erschließen, um somit den Nahverkehr in der Fläche zu fördern und das Angebot zu systematisieren. Die Konzepte werden kurz anhand von Beispielen vorgestellt.

4.2.1   Regionalschnellbahn (RSB)

Mit der Einführung der Regionalschnellbahn (RSB)[18] sind einige Maßnahmen verknüpft, die das Angebot für den Kunden spürbar verbessern sollen.

- Einführung eines Taktfahrplans/Rhythmischen Fahrplans,
- Beschaffung von neuem Fahrzeugmaterial bzw. Umbau von älteren Fahrzeugen,
- Erhöhung der Reisegeschwindigkeit durch
  - Maßnahmen am Oberbau,
  - Maßnahmen an Signalanlagen,
  - Auflassung von schwach frequentierten Bahnhöfen,
  - Maßnahmen an Bahnübergängen (z.B. Beseitigung, Einbau von Halbschranken etc.),
- Erneuerung von Bahnhofsanlagen und Erhöhung der Leistungsfähigkeit der Bahnhöfe,
- Verknüpfung von Bus-, Schienennah- und Schienenfernverkehr,
- moderne Informationsmaterialien.

Eingeführt wurde dieses Angebotskonzept zuerst in Schleswig-Holstein auf der Verbindung Kiel - Flensburg aufgrund der "Vereinbarung über die ÖPNV-Bedienung im Lande Schleswig-Holstein"[19] zwischen der DB und dem Land. Die Strecke Kiel - Flensburg hat eine Länge von 81 km mit fünf Haltepunkten. Sie ist eine eingleisige Nebenbahn und für 100 km/h ausgebaut. Einige Abschnitte können bereits mit 120 km/h befahren werden.

Bis April 1987 verkehrten noch lokbespannte Reisezüge (BR 212 + drei Wagen) zwischen Kiel und Flensburg. Seit dem Zeitpunkt der Umstellung übernahmen drei VT 628.2 die Bedienung der Strecke. Mit der Inbetriebnahme der Triebzüge wurde das Konzept Regionalschnellbahn (RSB) offiziell vorgestellt. Bei der Ersteinführung im September 1986 wurde ein starrer Taktfahrplan im 1-Stunden-Takt eingeführt. Da dieser Fahrplan den Bedürfnissen des Ausbildungs- und Berufsverkehrs nicht in genügender Form Rechnung trug und auch nicht alle Übergänge zum Fernverkehr in Kiel sichergestellt werden konnten, wurde später davon abgegangen. Seit 1987 existiert ein "Rhythmischer Fahrplan" mit Anpassung in den Hauptverkehrszeiten (HVZ) und mittags nach Schulschluß (s. Anl. 4.4). Zwischen 6.14 und 9.03 Uhr verkehren vier Züge von Flensburg in

Richtung Kiel und in der Gegenrichtung fünf Züge zwischen 5.50 und 9.42 Uhr. Nach Schulschluß verkehrt ein Zug von Kiel (13.15 Uhr) nach Flensburg (14.32 Uhr). Ab 18.00 Uhr endet der starre Takt Richtung Flensburg und ab 20.00 Uhr Richtung Kiel. Insgesamt verkehren 15 Zugpaare zwischen Kiel und Flensburg.

Für die Fahrgäste ergaben sich dabei folgende Verbesserungen, die in Tabelle 2 im Detail aufgeführt sind:

- das Zugangebot wurde um fast 50 % gesteigert;
- die Fahrzeit zwischen Flensburg und Kiel wurde um bis zu 19 Minuten (= 20,9 %) verringert;
- die Übergangszeiten in Kiel reduzierten sich um durchschnittlich fünf Minuten,
- die Anzahl der erreichbaren ICs und IRs erhöhte sich von 12 auf 28 (= 133 %).

Verknüpfung Fernverkehr

Ein wichtiger Punkt für die Einführung der Regionalschnellbahn war die Schaffung möglichst günstiger Umsteigemöglichkeiten zu den Fernbahnen. Es sollten die Fernzüge in Kiel bzw. in Hamburg-Altona ohne große Zeitverluste erreicht werden. Hiervon sind in erster Linie die fünf IC-Züge aus Kiel in Richtung Hamburg - Süddeutschland betroffen. Des weiteren werden über Eilzüge weitere IC-Züge in Hamburg-Altona erreicht. Insgesamt sind 24 IC-Verbindungen in Hamburg erreichbar, mit Übergängen zwischen fünf und 20 Minuten, sowie zusätzlich drei InterRegio und zwei FD-Züge.

Verknüpfung Bus

Der Bus dient als Zubringer zur RSB. Es wurden deshalb je nach örtlichen Möglichkeiten an den Bahnsteigen direkt Busbahnsteige angeordnet, um den Umsteigevorgang möglichst kurz zu halten. Gute Beispiele sind die Bahnhöfe Rieseby und Sörup (s. Anl. 4.1). Im Bereich "Schleswig - Süderbrarup - Kappeln" wurde ein Pilotprojekt gestartet mit der Anbindung der Busse an die RSB in Süderbrarup und in Schleswig. Es handelt sich hierbei um ein kooperatives Verkehrsmodell zwischen 45 privaten und öffentlichen Verkehrsunternehmen sowie dem Land, Landkreisen und Gemeinden.[20]

Geschwindigkeitsanhebungen

Zur Steigerung der Akzeptanz der RSB wurde die Reisegeschwindigkeit erhöht. Mit Investitionen von 1 Mio. DM wurden der Oberbau und die Signalanlagen modernisiert. Somit konnte die Geschwindigkeit zuerst von 80 auf 100 km/h und jetzt auf 120 km/h angehoben werden. Parallel dazu wurden sechs schwach frequentierte Bahnhöfe aufgelassen. Sie werden nur noch mit Bussen angefahren. Durch die Anhebung der Reisegeschwindigkeit wurde die Reisezeit um bis zu 20 % verkürzt.

Tab. 2: Vergleich der Angebotskonzepte von 1983/84 und 1989/90 auf der Strecke Kiel - Flensburg

Winterfahrplan	83/84	89/90
Länge der Strecke	81 km	81 km
Anzahl der Haltepunkte	Nahverkehrszüge 15 Eilzüge 7	Regionalschnellbahn 5
Anzahl der verkehrenden Züge	Nahverkehrszüge 5 Züge + 1 Zug Eckernförde − Kiel + 1 Zug Flensburg − Eckernförde Eilzüge 4 Züge 2 Züge Eckernförde − Kiel	Regionalschnellbahn 15 Züge 1 Zug Eckernförde − Kiel 2 Züge Süderbrarup − Kiel Sonstige 1 IC für Bundeswehr 1 D-Zug für Bundeswehr
Fahrzeit Flensburg − Kiel	Nahverkehrszüge 91 min Eilzüge 84 min	Regionalschnellbahn 72 min
Fahrzeit Flensburg − HH-Altona über Kiel	Eilzug + Nahverkehrszug 158 min + Eilzug 151 min	Eilzug Regionalschnellbahn 142 min
Übergangszeiten in Kiel	20 min	14 min
in HH-Altona	16 min	12 min
Anzahl der erreichbaren ICs/IRs	12 Züge	28 Züge

Fahrzeugeinsatz

Vor Einführung der RSB fuhren auf der Strecke Kiel - Flensburg in erster Linie mit Dieselloks bespannte Nahverkehrs- und Eilzüge. Bei der offiziellen Einweihung wurde gleichzeitig der neue Nahverkehrstriebwagen VT 628/928 (s. Anl. 4.2) vorgestellt. Dieses neue Fahrzeug fährt im Einmannbetrieb, erreicht eine Höchstgeschwindigkeit von 120 km/h und bietet zehn Fahrgästen in der 1. Klasse und 112 in der 2. Klasse Platz. Das Fahrzeug ist mit Mehrzweckräumen ausgestattet, in denen Reisegepäck, Expreßgut und Fahrräder transportiert werden können.

Abb. 8: RegionalSchnellBahn Kiel - Flensburg

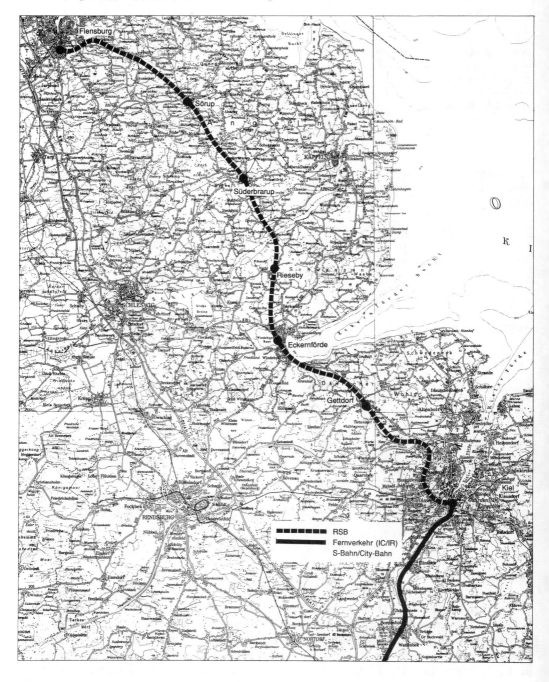

Modernisierung der Bahnhöfe

Die fünf Bahnhöfe wurden mit einem erheblichen Aufwand modernisiert. Hierzu gehören der Umbau der Empfangsräume (Heizung), moderne sanitäre Anlagen und Umgestaltung der Verkaufseinrichtungen zu funktionellen Informationszentren.

Wichtig war auch die Errichtung von Vitrinen zur Fahrgastinformation. Hierzu wurde auch speziell ein Fahrplan für die RSB entwickelt. Die Vitrinen enthalten zusätzlich Informationen über das RSB-Netz, die angeschlossenen Buslinien mit Fahrplänen sowie mit Karten der näheren Umgebung im Umkreis von 1.500 m um den Bahnhof.

Außerhalb der Bahnhöfe wurden Park+Ride-Anlagen, Fahrradständer und ein günstig zu den Bahnsteigen liegender Busbahnhof angeordnet. Die Bahnsteige wurden ebenfalls erneuert und mit Vitrinen, Stations- und Gleisschildern ausgestattet.

Das oben genannte Ziel der Stabilisierung der Nachfrage wurde mit der Angebotsumstellung erreicht (s. Anl. 4.5). Der von 1978 bis 1986 verzeichnete Nachfragerückgang von 18 % konnte 1987 umgekehrt und wieder annähernd der Stand von 1982 erreicht werden.

4.2.2   City-Bahn

Ein weiteres Konzept für den Schienen-Personennahverkehr (SPNV) in der Fläche stellt die City-Bahn dar. Dieses Angebot ist in seiner Qualität zwischen Regionalschnellbahn/Regional-bahn und S-Bahn angesiedelt. Sie erschließt den ländlichen Bereich am Rande eines Ballungsge-bietes mit einem S-Bahn-ähnlichen Angebot. Die Ziele dieses Konzeptes sind die gleichen wie bei der RSB. Die Maßnahmen sind aber teilweise unterschiedlich:

- Einführung eines Taktfahrplans (auch am Wochenende gültig)
- Fahrzeitverkürzung durch Maßnahmen
  - am Oberbau (Überhöhung etc.)
  - an Signalanlagen
  - bei Haltezeiten
  - bezüglich Leistungsfähigkeit
- Verknüpfung von SPNV und Bus
- Verknüpfung von ÖV und IV
- neues bzw. umgebautes Wagenmaterial (Wendezüge)
  - Design
  - Restauration (z.T.)
  - Gepäckabteil geeignet für Radler
  - 1. und 2. Klasse
- Modernisierung von Bahnhöfen
- möglicherweise Eröffnung von zusätzlichen Haltepunkten
  (mehr Fahrgäste, aber längere Fahrzeiten).

Es wurden inzwischen folgende City-Bahnen eingeführt:

- Köln - Gummersbach
- Hamburg - Neugraben - Stade
- Hannover - Haste
- Hannover - Altenbeken.

1984 wurde auf der nicht elektrifizierten Strecke Köln - Gummersbach ein Stundentakt eingeführt. Dies geschah, nachdem auf der Strecke u.a. durch Eröffnung der parallelen Autobahn

Tab. 3: Vergleich der Angebotskonzepte von 1980/81 und 1989/90 auf der Strecke Köln - Gummersbach

Winterfahrplan	80/81	89/90
Länge der Strecke	58 km	58 km
Anzahl der Haltepunkte	Nahverkehrszüge 12 Eilzüge 9 Bus 5	City-Bahn 11
Anzahl der verkehrenden Züge	Nahverkehrszüge 8 Züge + 4 Züge ab Overath Eilzüge 6 Züge	City-Bahn 19 Züge + 6 Züge ab Overath
Fahrzeit Gummersbach — Köln	Nahverkehrszüge 89 min Eilzüge 79 min Bus 111 min	City-Bahn 66 min
Parallelverkehr	starker Busverkehr Taktfahrplan längere Fahrzeiten	kein Parallelverkehr
Übergangszeiten in Köln Richtung Süden Richtung Norden	19 min 17,5 min	30 min 36/42 min
Anzahl der erreichbaren ICs	Ri. Süden 19 Ri. Norden 23	41 54
durchschnittl. Reisegeschwindigkeit	N-Zug 39 km/h E-Zug 45 km/h Bus 31 km/h	53 km/h

Abb. 9: City-Bahn Köln - Gummersbach

(A 4) ein Fahrgastschwund zu verzeichnen und der Abschnitt Overath - Gummersbach sogar einstellungsgefährdet war. Zuerst kamen noch die älteren 'Silberlinge' zum Einsatz, welche aber sukzessive durch die umgebauten Wagen im City-Bahn-Design ersetzt wurden. (s. Anl. 4.6 und 4.7)

Parallel hierzu waren aber noch Oberbauerneuerungen, Modernisierung der Sicherungsanlagen, der Bahnhöfe etc. nötig, um hier einen hochwertigen Verkehr abwickeln zu können.

Durch den Neubau der Autobahn zwischen (Olpe) - Gummersbach - Köln entstand eine Konkurrenzsituation, der durch Werbung, zum Beispiel durch eine Plakataktion entlang der Autobahn, mit Erfolg begegnet wurde. Für die Fahrgäste waren mit der Einführung der City-Bahn folgende Verbesserungen verbunden, die zu einer Nachfragesteigerung von 42 % geführt haben:

- Die Anzahl der zwischen Köln und Gummersbach verkehrenden Züge wurde von 14 auf 19 erhöht;
- Die Reisezeit wurde um bis zu 23 Minuten (= 25,8 %) verkürzt;
- Der Busparallelverkehr wurde eingestellt;
- Die Anzahl der in Köln erreichbaren ICs erhöhte sich von 42 auf 95.

Allerdings trat eine deutliche Verschlechterung der durchschnittlichen Übergangszeiten zwischen City-Bahn und IC-Verkehr ein.

Aufgrund des Erfolges wurde von der BD Köln ein Gutachten über drei weitere City-Bahn-Strecken in Auftrag gegeben (s. Abb. 9):

Bonn - Euskirchen, 34 km (Taktfahrplan),
Köln - Euskirchen - Jünkerath, 94 km,
Solingen - Ohligs - Remscheid - Wuppertal, 42 km (Taktfahrplan).

4.3 Güterverkehr

Die Betriebslänge der DB-Strecken für den Güterverkehr umfaßt derzeit 27.431 km, davon entfallen auf Hauptbahnen (H-Bahnen) 17.800 km und auf Nebenbahnen (N-Bahnen) 9.631 km. 43 % der Nebenbahnen werden nur noch vom Güterverkehr benutzt, d.h., daß auf einem großen Teil dieser Strecken der Personenverkehr bereits eingestellt wurde.

Tab. 4: Vergleich der Betriebslängen (in km) im Güterverkehr der DB im Bundesgebiet und Niedersachsen

Betriebslänge der DB im GV				reiner GV	
	H-Bahnen	N-Bahnen	Summe	H-Bahnen	N-Bahnen
1960	18 358	11 921	30 279	1343	1078
1981	17 871	9 887	27 758	1236	4230
1987	17 800	9 631	27 431	6567	
DB in Niedersachsen					
1960	2445	2079	4524	k. A.	k. A.
1987	2338	1713	4051	952	929

In Niedersachsen wird auf 55 % der Nebenbahnen und 40 % der Hauptbahnen nur noch GV betrieben. In vielen Fällen bedeutet dies nur noch eine Fahrt pro Tag und Richtung bei Bedarf.

Zwischen 1980 und 1987 reduzierten sich die Zahlen der Rangierbahnhöfe (Rbf), Knotenpunktbahnhöfe (Kbf) und Satelliten ebenfalls erheblich. 1980 umfaßte das DB-Netz 59 Rbf (Niedersachsen: 8), 393 Kbf (Nds.: 59) und 4.675 Satelliten (Nds.: ca. 590). 1987 liegt die Zahl der Rbf bei 29 (5), der KBf bei 269 (33) und der Satelliten bei ca. 3.530 (419). Das Netz umfaßt derzeit ca. 4.900 Tarifpunkte (Stand 1988). Ziel ist es, hier ebenfalls auf etwa die Hälfte der heutigen Anzahl zu reduzieren. Während 5 % aller Tarifpunkte 95 % aller Erträge erbringen, kommt in weit über 2.500 Tarifpunkten weniger als ein Wagen/TP wöchentlich auf (s. Anl. 9 u. 10). Generelles Ziel dieser Konzentration ist es, den Güterverkehr wieder wettbewerbsfähig zu machen und die Produktionskosten zu senken.

Kürzere Transportzeiten und ein attraktiveres Angebot sind Vorteile des Transportes auf der Straße. Aber auch die sich wandelnde Güterstruktur (kleiner, zeitempfindlicher, diversifizierter) sowie die direkte Haus-zu-Haus-Bedienung haben dem Lkw strukturelle Vorteile gegenüber dem Schienenverkehr gebracht. Darauf ist es teilweise zurückzuführen, daß sich die Schiene weiter aus der Fläche zurückzieht.

Das Transportangebot der DB ist derzeit geprägt von einem Nebeneinander historisch gewachsener Transportstrukturen, die jedoch angesichts der sich verändernden Marktsituation ständig an Bedeutung verlieren, und Marktangeboten, mit denen die DB versucht, durch Konzentration des Verkehrs auf aufkommensstarke Relationen ihre Wettbewerbsfähigkeit zu verbessern.

Eine Analyse[21] des Verkehrsaufkommens von Tarifpunkten in der Fläche hat gezeigt, daß das Güteraufkommen sowohl im Wagenladungsverkehr als auch im Stückgutverkehr äußerst gering ist. 50 % aller Tarifpunkte der Deutschen Bundesbahn haben zusammen einen Anteil am Wagenladungsverkehr von 99 %, der Anteil der übrigen 50 %, die zumeist im ländlichen Raum liegen, beträgt nur 1 % vom Gesamtaufkommen. Die Konsequenz daraus war die Schließung zahlreicher Tarifpunkte sowie eine 24-Stunden-Bedarfsbedienung der verbliebenen mit geringem Aufkommen. Einige Bahnstrecken werden nicht einmal jede Woche und zahlreiche Gleisanschlüsse überhaupt nicht mehr befahren. Letztere werden oft nur noch als Drohgebärde gegenüber Spediteuren aufrecht erhalten. Als Folge dieser Strukturen ist in der Fläche inzwischen die sogenannte "Tag-A-Tag-C-Bedienung die Regel, d.h. das Gut erreicht erst zwei Tage nach dem Versand den Empfänger.

Zu diesen strukturellen Problemen kommen noch "hausgemachte" hinzu. So hat die DB im ländlichen Raum bislang kaum gezielt akquiriert, sondern oft sogar Gleisanschlüsse kurzfristig gekündigt. Auch fehlen bisher Rettungsstrategien für Nebenstrecken und aufkommensschwache Tarifpunkte sowie die Bereitschaft zur Kooperation mit NE-Bahnen.

4.3.1 Ganzzüge

Der Ganzzugverkehr stellt den größten Anteil am Güterverkehr dar. Es werden in erster Linie Massengüter im reinen Quell-Ziel-Verkehr befördert. Vorwiegend handelt es sich hierbei um Kohle, Erze, Mineralöle, Pkw etc. Es werden aber auch bestimmte Halbfertigteile transportiert. Die Quell- und Zielpunkte können auch punktuell in der Fläche auftreten (Bsp. Emden). Für die Bahn ist der Ganzzugverkehr die wirtschaftlichste Art des Güterverkehrs, da hierbei große Massen über lange Entfernungen ohne Umstellen von Wagen befördert werden, in der Regel von Gleisanschluß zu Gleisanschluß.

4.3.2 Einzelwagenladungsverkehr

Die Beförderung von Einzelwagen erfolgt im Rahmen des sogenannten Knotenpunktsystems, der "klassischen" Form des Eisenbahngüterverkehrs (vgl. Abb. 10). Dieses Konzept basiert darauf, daß Wagen aus den Satelliten (kleinere Bahnhöfe, i.d.R. ohne eigene Rangiermittel) mit Übergabezügen zu den Knotenpunktbahnhöfen (bedeutendere regionale Bahnhöfe) gebracht werden. Dort werden sie zu Nahgüterzügen zusammengestellt und zum Rangierbahnhof gefahren. Hier werden die Nahgüterzüge aufgelöst, die Wagen zielspezifisch geordnet und Durchgangsgüterzüge gebildet, die wiederum zum Ziel-Rangierbahnhof fahren. Dort wiederholt sich der ganze Vorgang in umgekehrter Reihenfolge.

Abb. 10: Das Knotenpunktsystem für die Einzelwagenbeförderung

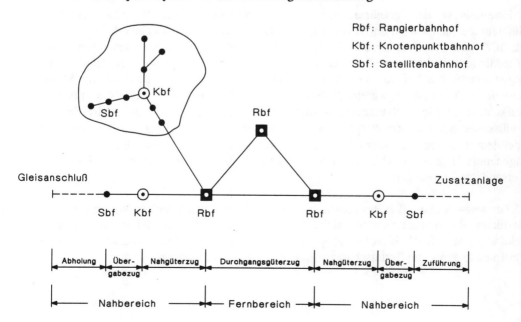

Sog. Transportkettengrundzüge (TK) verbinden die wichtigsten Bahnhöfe mit möglichst verlustzeitarmen Übergängen in den Rbf. TK-Züge müssen unabhängig von ihrer Auslastung verkehren und stellen eine Erschließungsprinzip-Komponente dar.

Die Beförderung der Güterwagen im Knotenpunktsystem (auch als "schwarzes" Netz bezeichnet) ist durch die zahlreichen Rangiervorgänge sehr zeitaufwendig. Auch die bisherige Konzentration der Produktionsstätten hat noch nicht zu einer nennenswerten Reduktion der Transportzeiten geführt. Im Mittel wird ein beliebiger Wagen etwa sechsmal rangiert, bevor er am Ziel ist. Bis 200 km berührt er einmal, darüber mindestens zweimal, einen Rangierbahnhof, wo er ca. 3-4 Stunden verweilt. Allein diese Verlustzeiten verhindern einen Nachtsprung im Einzelwagenladungsverkehr über mehr als 200 km. Hinzu kommen die Umstellkosten, die inzwischen nicht mehr durch rationelle Zugbeförderung aufgrund der angestrebten hohen Zugauslastungen hereingeholt werden können.

Die internationalen Frachtenzüge sind in das System Trans-Euro-Fracht (TEM) eingebunden.

InterCargo

Seit 1985 verbinden InterCargo-Züge die elf großen Wirtschaftszentren der bisherigen Bundesrepublik Deutschland im Nachtsprung. Die im Güterkursbuch angegebenen Beförderungszeiten (etwa 16 Uhr ab, 8 Uhr an) werden garantiert. Für die Bahnhöfe, die später (10 - 12 Uhr) bedient werden, wurden Sondervereinbarungen mit den dort ansässigen Kunden getroffen. In den ICG-Zugbildungsbahnhöfen werden die Züge aufgelöst und die Wagen mit Naheilgüterzügen (Ne) oder Nahgüterzügen (Ng) zu den angeschlossenen Knotenpunkten und Satelliten mit ihren Privatgleisanschlüssen weiterbefördert. Die Einzugsbereiche gehen selten über die Ballungsräume hinaus, allenfalls Mittelzentren der Region sind einbezogen.

Mit EurailCargo wird die Erweiterung des InterCargo-Konzeptes auf europäischer Ebene bezeichnet.

4.3.3   Eilgut-Verkehr

Eilgut, wie Obst, Gemüse, Fisch, etc., wird von der DB im sog. "roten" Schnellgüterzug-Netz mit v_{max} = 100 km/h befördert. Die internationalen Züge dieses Systems werden als Trans-Europ-Express-Merchandise (TEEM) bezeichnet. Im Unterschied zum vorher erläuterten Einzelwagenverkehr handelt es sich hierbei um ein Wagengruppensystem, d.h. in den Eilgutbehandlungsbahnhöfen werden Wagengruppen abgesetzt oder aufgenommen. Bis auf wenige Spezialzüge wird dieses Netz nach bisherigen DB-Planungen in ein verbessertes Einzelwagenladungssystem aufgehen. Früher rechtfertigte ein Eilgutzuschlag den erhöhten Produktionsaufwand. Inzwischen werden fast nur noch "wettbewerbsgefährdete Güter" zu Normal- oder Ausnahmetarifen befördert. In die Eilgutnetze sind nur ausgewählte Knotenpunktbahnhöfe aufgenommen. Oftmals müssen im Nahbereich Mehrleistungen erbracht werden, um Eil- und Frachtgut getrennt zum Rbf und Eilgutbahnhof (Ebf) zu bringen. Ob allerdings die Zusammenlegung von Eil- und Frachtgut in Rbf die gewünschten Effekte bringt, ist angesichts der eklatant unterschiedlichen Zeitansprüche beider Netze zweifelhaft.

4.3.4   Kombinierter Verkehr (KV)

Der KV bietet die Möglichkeit, eine durchgehende Beförderung von Gütern mit demselben Transportgefäß, aber mit verschiedenen Transportmitteln durchzuführen. Dabei verbindet der KV die systemimmanenten Vorteile der Eisenbahn, nämlich die wirtschaftliche, schnelle und sichere Beförderung von großen, gebündelten Transportmengen über weite Entfernungen, und die des Lkw, nämlich die Flexibilität beim Sammeln und Verteilen in der Fläche. Dabei sind folgende Formen des kombinierten Verkehrs Straße/Schiene zu unterscheiden:

Containerverkehr

Der Containerverkehr bietet u.a. den Vorzug, daß das Transportgefäß unmittelbar an die Produktion herangeführt werden kann (Aufnahme von Fertigprodukten bzw. Übergabe von Rohstoffen, Integration des Seeverkehrs). Durch den Container wird Stückgut zu Massenstückgut, was den Transport aufgrund des genormten Handlings vereinfacht. Auch die Lagerhaltung ist mit Containern möglich.

Der Ferntransport der Container über die Schiene erfolgt gesondert in dem sogenannten "grünen" oder im InterCargo-Netz. Kleinere KV-Umschlagbahnhöfe werden im Eilgut- oder im Frachtgutnetz bedient (s. Anl. 4.12).

Der Umschlag erfolgt i.d.R. mit Portalkränen oder mobilen Umschlaggeräten (Frontlader, Seitenstapler etc.).

Im Binnen-Containerverkehr bietet die DB über ihre Tochter Transfracht palettengerechte Behälter von 20' bis 40' zum Transport an. Besonders beliebt ist der sogenannte HTg7, eine feste Box in Wechselbehältergröße mit Stützfüßen und großen Türen.

Im internationalen Verkehr werden Container gemäß ISO-Norm über die nasse Grenze (Seeverkehr) und die trockene Grenze, z.B. Transsibirische Eisenbahn, versandt.

Huckepackverkehr

Huckepackverkehr ist Straßengüterverkehr, der auf einem Teil seiner Transportstrecke die Bahn benutzt. Es werden Wechselbehälter und Sattelanhänger (kranbar bzw. horizontal zu verladen) sowie komplette Lkw verladen.

Obwohl das Zugkonzept für den Huckepackverkehr weitgehend auf Ballungsräume konzentriert ist, transportieren die Nutzer des KV auch Güter aus bzw. in die Fläche. Sammel-Lkw holen die Kleinpartien beim Verlader ab und fahren sie zum Speditionslager. Hier werden neue Fernverkehrssendungen zusammengestellt und entweder mit dem Lkw direkt oder unter Nutzung des KV zur Spedition im Zielgebiet befördert. Von hier aus erfolgt die Verteilung in die Fläche. Das Netz der Huckepackbahnhöfe[22] umfaßt derzeit 29 Umschlagbahnhöfe, wobei weite Teile Niedersachsens unberührt bleiben (Anl. 4.11).

Eine Spezialform des Huckepackverkehrs ist die "Rollende Landstraße". Diese Technik des Kombinierten Verkehrs bezeichnet die Beförderung kompletter Last- und Sattelzüge auf speziell dafür konstruierten Niederflurwagen. Für die Kraftfahrer werden Liegewagen mitgeführt, so daß die Eisenbahnfahrt zur Einhaltung der gesetzlich vorgeschriebenen Ruhezeiten genutzt werden kann. Die Züge verkehren im Pendel zwischen zwei etwa 600 km entfernten Bahnhöfen. Die Bahnhöfe haben kaum regionale Einzugsgebiete. Hauptkunden sind jene Lkw, die mit einem Fahrer acht Stunden vorher und acht Stunden nachher fahren.

KLV 88

Mit Beginn des Jahresfahrplanes 1988/89 wurde für den kombinierten Verkehr Straße/Schiene von der DB das Marktangebot "KLV 88" eingeführt. Die Wirtschaftszentren werden auf Kern- und Ergänzungsrelationen im Nachtsprung verbunden, bei entsprechendem Aufkommen auch in Mehrfachabfuhren. Es verkehren Direktzüge zwischen den 14 Umschlagbahnhöfen des Kernnetzes, in dem Ladeschlußzeiten von etwa 21 Uhr und Bereitstellung vor 6 Uhr angeboten werden. Hauptträger des Verkehrs zwischen den 19 Ubf des Ergänzungsnetzes sind Mehrgruppenzüge, die das Aufkommen mehrerer Ubf bündeln. Die Relationen im Ergänzungsnetz werden zwischen 20 Uhr und 8 Uhr bedient, was nicht für alle Kunden ausreicht.

Betrachtet man die Flächendeckung durch die Umschlagbahnhöfe (Ubf) (Anl. 4.10), stellt man fest, daß weite Teile Niedersachsens weder durch Ubf des Kernnetzes noch durch die des Ergänzungsnetzes erschlossen werden. Der KLV lohnt sich in der Region infolge der langen Vor- und Nachläufe häufig nicht, so daß der Verkehr direkt per Lkw abgewickelt wird.

Das Abrollcontainer-Transportsystem (ACTS)

Dieses neu entwickelte System wird seit einigen Jahren u.a. in der Schweiz erfolgreich eingesetzt. Es sieht den Bahntransport der im Baustellen- und Recyclingverkehr bewährten Abrollcontainer vor. Das System ist an jeder Ladestraße einsetzbar und ermöglicht das Verladen der Behälter ohne spezielle Umschlaggeräte. Für die Schiene wird ein zwei- oder vierachsiger Flachwagen verwendet, der mit drehbaren Tragrahmen ausgerüstet ist. Den Zu- bzw. Abbringerverkehr auf der Straße übernehmen sogenannte Abrollkipper, die seit 20 Jahren gebaut werden und einen hohen Entwicklungsstand aufweisen. Diese Fahrzeuge werden besonders im Baustellen- und Entsorgungsverkehr eingesetzt und stehen daher auch national flächendeckend zur Verfü-

Abb. 11: Abrollcontainer-Transportsystem

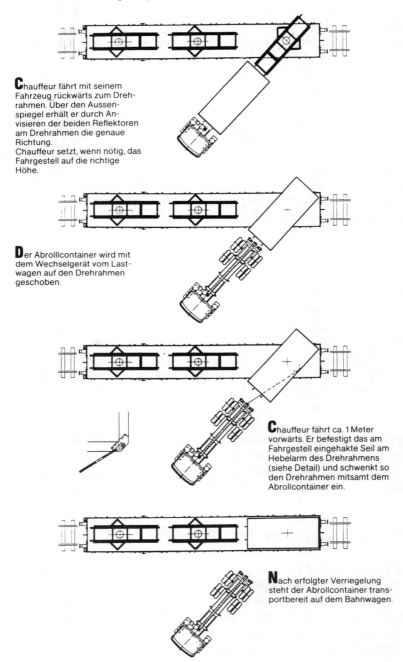

Chauffeur fährt mit seinem Fahrzeug rückwärts zum Drehrahmen. Über den Aussenspiegel erhält er durch Anvisieren der beiden Reflektoren am Drehrahmen die genaue Richtung.
Chauffeur setzt, wenn nötig, das Fahrgestell auf die richtige Höhe.

Der Abrollcontainer wird mit dem Wechselgerät vom Lastwagen auf den Drehrahmen geschoben.

Chauffeur fährt ca. 1 Meter vorwärts. Er befestigt das am Fahrgestell eingehakte Seil am Hebelarm des Drehrahmens (siehe Detail) und schwenkt so den Drehrahmen mitsamt dem Abrollcontainer ein.

Nach erfolgter Verriegelung steht der Abrollcontainer transportbereit auf dem Bahnwagen.

gung. Besonders geeignet zum Transport mit ACTS sind Schüttgut-, Tank- und Paletten-Container.

Durch dieses System besteht die Möglichkeit, den Schienengüterverkehr in der Fläche wieder attraktiver zu gestalten. Das System kann als Ergänzung zum Einzelwagenladungsverkehr betrieben werden. Unwirtschaftliche Satelliten könnten stillgelegt werden und auf der Straße im ACTS-Verfahren bedient werden.

Die Einrichtung von ACTS-Umschlaganlagen ist kostengünstig durch die Nutzung von Altanlagen und würde der Bahn auch gute Chancen bei der Gewinnung von Verkehren abseits der Schiene einräumen. Ein Pilotversuch mit ACTS soll in Schleswig-Holstein eingerichtet werden. Es soll untersucht werden, ob dieses System Marktchancen besitzt und an das InterCargo-Netz angeschlossen werden kann.

4.3.5   Kleingutverkehre

Stückfracht 88

Ausgehend von der bis dahin rückläufigen Entwicklung im Stückgutverkehr wurde mit Beginn des Jahres 1988 ein verbessertes Grundangebot "Stückfracht 88" eingeführt mit dem Ziel, für Stückgut bis zu einem Gewicht von 4 t eine Haus-Haus-Beförderung innerhalb von 48 Stunden (auf ausgewählten Relationen auch in 24 Stunden) mit höchstens einer Umladung anzubieten.

Dazu wurden fünf Hauptumladestellen gebildet, deren Verteilerbereiche die ganze ehemalige Bundesrepublik abdecken. Innerhalb dieser Verteilerbereiche liegen weitere Umladestellen, denen jeweils Verteilerbezirke zugeordnet sind. In diesen Verteilerbezirken wiederum befinden sich die 247 Stückgutbahnhöfe, die von der DB über die Schiene oder über die Straße bedient werden; alle Stückguttarifpunkte sind jeweils einem schienenbedienten Stückgutbahnhof zugeteilt und werden durch DB-Stückgutunternehmer per Lkw angefahren. Aus diesen Komponenten wird die Transportkette bei Stückfracht 88 gebildet. Der Grundgedanke ist dabei, daß jeder schienenbediente Stückgutbahnhof nach jeder Hauptumladestelle täglich mindestens einen Güterwagen bildet. Darüber hinaus ist bei entsprechendem Aufkommen auch eine Wagenbildung nach anderen Umladestellen möglich.

Im Stückgutverkehr bestehen umfangreiche Kooperationen mit Speditionen und den nicht bundeseigenen Eisenbahnen (z.B. Bad Bentheimer Eisenbahn, Osthannoversche Eisenbahn).

Gepäck-, Expreßgut- und Postbeförderung (GEP)

Der Transport dieser Güter erfolgt mit Expreßgüterzügen, die umschlagfrei und im Nachtsprung zwischen 34 Knoten innerhalb der früheren Bundesrepublik verkehren. An diese Knoten sind flächendeckend nach dem Postleitzahlensystem ca. 1.500 Annahme- und Ausgabestellen angeschlossen, die von den Knoten aus entweder auf der Schiene oder auf der Straße bedient werden. Dadurch erreicht eine Sendung den Empfänger am Tag nach der Absendung. Die genauen Lieferfristen hängen allerdings von der jeweiligen geographischen Lage des Quell- und Zielortes sowie von der verkehrlichen Anbindung ab und können demzufolge stark schwanken. Seit 1990 existiert ein neues System, das allerdings mit Schwierigkeiten angelaufen ist (fehlende Rollpaletten, etc.).

Weitere Arten von Kleingutverkehren sind

- Partiefracht,
- IC-Kurierdienst und
- Termingut.

Sie haben aber für den ländlichen Raum nur eine geringe Bedeutung, da zumeist lange Vor- und Nachlaufzeiten auf der Straße zu den auf die Ober- und Mittelzentren konzentrierten Aufnahmestellen nötig sind.

4.4 Angebotsstruktur der Schiene (NE-Bahnen)

Ein weiteres Erschließungskonzept für die Fläche durch den SPNV ist die Betriebsführung durch nicht bundeseigene Eisenbahnen (NE-Bahnen). Aufgrund der Vorschriften der NE-Bahnen kann eine Senkung der Betriebskosten erreicht werden[23].

Um kostengünstig bzw. wirtschaftlich fahren zu können, müssen bestimmte Voraussetzungen geschaffen werden:

- Einsatz moderner Fahrzeuge im Einmannbetrieb:
  Die Fahrzeuge sind klein und haben eine Sitzplatzkapazität ähnlich einem Bus. In den Hauptverkehrszeiten kann man durch Anhängen zusätzlicher Einheiten der erhöhten Nachfrage gerecht werden.

- geringe Personalkosten:
  Durch das konsequente Fahren im Einmannbetrieb, auch bei Mehrfachtraktion, kann der Personalbestand gering gehalten werden. Der Zugführer hat mehrere Aufgaben zusätzlich zu übernehmen, wie zum Beispiel Fahrkartenverkauf, Kleingut, Bremsprobe etc.

- Einsatz von Zugleitfunk:
  Durch den Einsatz von Großseriengeräten können die Anschaffungskosten gering gehalten werden. Mit Hilfe dieser Geräte sollte
  - ein offener Funkverkehr betrieben werden, damit alle Triebfahrzeugführer über den Betriebszustand informiert sind;
  - eine Fernbedienung der Abzweigstellen und der Bahnübergänge möglich sein;

- Verknüpfung mit anderen Verkehrsträgern:
  - Der Vor- und Nachlauf wird über die Straße abgewickelt werden, dies gilt für den Personen- wie für den Güterverkehr.
  - Die Anbindung an die DB-Strecken muß gewährleistet sein (Minimierung der Übergangs- widerstände).

- Flexible Betriebsweisen:
  Für die Schwachverkehrszeiten besteht die Möglichkeit, anstelle des Schienenfahrzeugs Busse einzusetzen. Das Fahrzeug kann in dieser Zeit entweder gewartet oder für den Güterverkehr eingesetzt werden.

Wichtig bei einer Übernahme von DB-Strecken durch eine NE-Bahn ist die kostengünstige Überlassung oder die teilweise Übernahme der Kosten durch das betreffende Land. Es sind aber unter Umständen auch privatwirtschaftliche Lösungen denkbar.

Ein Beispiel für eine solche Übernahme durch eine NE-Bahn ist die Strecke Meckesheim - Aglasterhausen[24]. Diese von der Stillegung bedrohte Strecke wurde 1982 von der Südwest- deutschen-Eisenbahn-Gesellschaft (SWEG) übernommen, um die in ihrem Besitz befindliche Strecke Neckarbischofsheim - Hüffenhardt nicht zu isolieren (s. Abb. 12). Die Strecke wurde von der DB an die SWEG unentgeltlich verpachtet. Zur Modernisierung wurden Investitionen in Höhe von 5,63 Mio. DM für Strecken und Anlagen und 3,95 Mio. DM für Fahrzeuge getätigt. Mit der Betriebsübernahme wurde das Zugangebot von sieben auf 22 Zugpaare verbessert, und teilweise werden Fahrten bis nach Heidelberg-Hbf angeboten (s. Tab. 5). Hierdurch wurde die Anzahl der in Heidelberg erreichbaren Fernzüge erhöht. Wie aus Anlage 4.8 ersichtlich ist, erreichten die Fahrgastzahlen wieder das Niveau von 1975, und auch der Güterverkehr verzeichnete deutliche Steigerungsraten. Ebenfalls verbessert hat sich der Kostendeckungsgrad, es werden inzwischen fast 100 % erreicht.

Ein weiteres Projekt ist das regionale Schienenverkehrsnetz im Elbe-Weser-Raum. Dieses Gebiet zwischen den Oberzentren Bremen, Bremerhaven und Hamburg sollte durch ein neues Verkehrskonzept unter der Betriebsführung einer NE-Bahn bedient werden.[25]

Tab. 5: Vergleich der Angebotskonzepte von 1980/81 und 1989/90 auf der Strecke
       Meckesheim - Aglasterhausen

Winterfahrplan	80/81	89/90
Länge der Strecke	19 km	19 km
Anzahl der Bahnhöfe	7	7
Anzahl der Zugpaare	7	22
Durchschnittl. Fahrzeit	27 min	27 min
Übergangszeit in Heidelberg (durchsch.)	19,5 min	17,3 min
Anzahl der erreichbaren	6 IC	6 IR
ICs und IRs	1 TEE	10 IC

Abb. 12: SWEG-Strecke Meckesheim - Aglasterhausen/Hüffenhardt

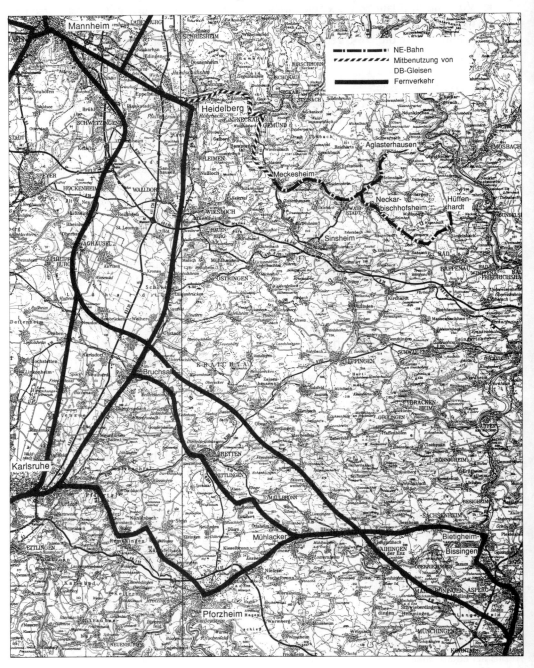

Das Schienennetz wird derzeit von der DB und zwei NE-Bahnen betrieben. Die DB betreibt die Strecke Bremerhaven - Bremervörde - Buxtehude im Personen- und Güterverkehr sowie die Strecken Hesedorf - Hollenstedt, Bremervörde - Rotenburg (Wümme) und Bremerhaven - Bederkesa nur im Güterverkehr. Die Eisenbahnen und Verkehrsbetriebe Elbe-Weser GmbH (EVB) betreibt die Strecken Bremervörde - Osterholz-Scharmbeck und Wilstedt - Zeven - Tostedt und die Buxtehuder - Harsefelder Eisenbahn Gmbh (BHE) die Strecke Buxtehude - Harsefeld. Beide NE-Bahnen bedienen die Strecken nur im Güterverkehr. (vgl. Abb. 13)

Von der Studiengesellschaft Nahverkehr (SNV) wurde im Auftrag des Landes Niedersachsen ein Verkehrskonzept untersucht, das den Schienenverkehr in dieser Region stärken soll. Es wurden drei Varianten unterschieden:

- reiner Güterverkehr auf allen Stecken:
  Es wurde ein Betriebskonzept erarbeitet, das das gesamte Netz mit drei Hauptgüterzügen bedient. Sie bedienen die Bahnhöfe Bremervörde, Harsefeld und Zeven. Von dort werden Wagen verteilt, wenn dies nicht schon unterwegs möglich war. Angeschlossen an das überregionale DB-Netz sind sie über die Übergabebahnhöfe Buxtehude, Tostedt und Osterholz-Scharmbeck sowie die Rangierbahnhöfe Maschen und Bremen.

- Güterverkehr und Personenverkehr im Mischbetrieb:
  Hier wurden zwei Varianten untersucht:
  a. Personenverkehr nur auf der Strecke Bremerhaven -Hamburg-Neugraben (Anschluß an die S-Bahn)
  b. Personenverkehr auf den Strecken
     Bremerhaven - Bremervörde - Hamburg-Neugraben und Bremen Hbf - Osterholz-Scharmbeck - Bremervörde - Stade.

Hierdurch ist eine Anbindung an die drei Oberzentren (bei "a" an zwei) gewährleistet. Es soll weitestgehend im 2-Stunden-Takt (mit Verdichtungen in der Hauptverkehrszeit) gefahren werden sowie an Wochenenden in Schwachverkehrszeiten. Hierfür soll neues Fahrzeugmaterial beschafft werden.

Das Betriebskonzept orientiert sich weitestgehend an den oben erwähnten Grundsätzen. Die Höchstgeschwindigkeit von 60 km/h wurde beibehalten. Eine zentrale Betriebsleitstelle soll in Bremervörde eingerichtet werden.

Zur Einführung eines Konzeptes sind einige bauliche Maßnahmen, z.B. Oberbauerneuerung, Rückbau der Signalanlagen und Stellwerke sowie die Beschaffung von Fahrzeugen besonders im Personenverkehr, erforderlich.

Im Bereich des Güterverkehrs sind Investitionen von ca. 19,5 Mio. DM und im Personenverkehr von ca. 17,8 Mio. DM erforderlich. In einer zweiten Phase sind noch Investitionen von ca. 11,3 Mio. DM durchzuführen.

Abb. 13: Verkehrsnetz im Elbe-Weser-Dreieck

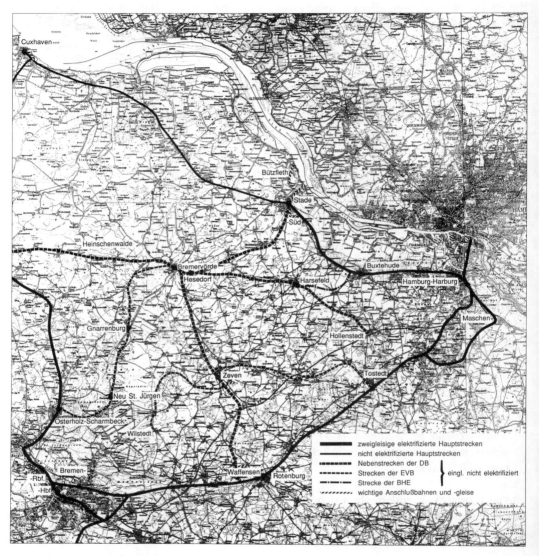

Quelle: Badke/Butter/Jencke/Koch 1986, S. 16

Vergleicht man die Kosten der drei Konzepte, so ergeben sich in der Kostendeckung nur geringfügige Unterschiede. Betrachtet man nur die laufenden Kosten, so trägt sich der Güterverkehr selbst, was im Personenverkehr nicht möglich ist. Aus strukturpolitischen Gründen wäre allerdings eine Förderung des ÖPNV wünschenswert, womit eine Bereitschaft seitens des Landes und der Kommunen zur Übernahme der Defizite erforderlich wäre.

Das Konzept scheiterte aber vorläufig vor allem an den von den Körperschaften zu übernehmenden Kosten.[26]

Abb. 14: Kostenvergleich der drei Konzepte für eine Umstrukturierung des Elbe-Weser-Dreiecks

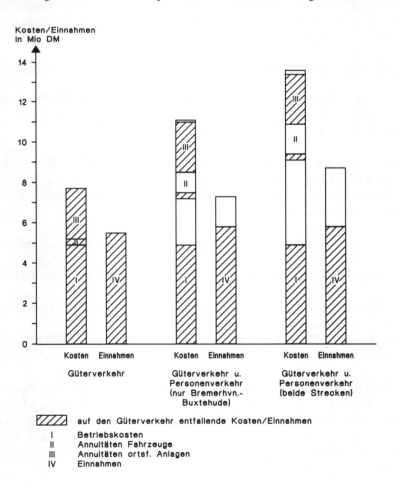

Quelle: Badke/Butter/Jencke/Koch 1986, S. 21

5. Einflußgrößen der Verkehrsmittelwahl

Durch eine Verknüpfung und ein Zusammenwirken der Systeme soll ein ganzheitliches Konzept entstehen, das alle zuvor beschriebenen Verkehrskonzepte umfaßt. Das Ziel ist es, ein für den Kunden attraktives Angebot zu bieten, das aber gleichzeitig auch betriebswirtschaftlich ist. Bei der Verkehrserschließung muß zwischen dem Anspruchsniveau, dem Leistungsangebot und der Wirtschaftlichkeit ein Kompromiß gefunden werden. Um dieses Ziel zu erreichen, ist die Kenntnis und die Quantifizierung der Einflußgrößen auf die Verkehrsmittelwahl erforderlich.

Der Frage nach den Einflußgrößen des Modal-Split und den dabei wirkenden Zusammenhängen wurde in zahlreichen Studien nachgegangen. Auf einige dieser Forschungsergebnisse soll kurz eingegangen werden, wohl wissend, daß eine Wiedergabe aller Forschungsergebnisse zu diesem Themenkomplex nicht erreicht werden kann.

Grundsätzlich lassen sich die Einflußgrößen der Verkehrsmittelwahl wie folgt kategorisieren:

- personenbezogene Merkmale (wie z.B. sozio-demographische Merkmale, Pkw-Verfügbarkeit);
- räumliche Strukturen;
- Merkmale der Verkehrsmittel.

Das Interesse der Planungspraxis gilt dabei insbesondere den Einflußgrößen, die beeinflußbar sind wie z.B. die Angebotsqualität der Verkehrsmittel. Einflußgrößen wie die Raumstruktur oder die altersmäßige Zusammensetzung der Bevölkerung lassen sich demgegenüber überhaupt nicht oder nur langfristig beeinflussen.

Bei Verkehrsmittel-Wahlbetrachtungen werden drei Zielgruppen unterschieden:

- Personen, die aus objektiven Zwängen auf die Benutzung eines Pkw angewiesen sind (IV-Gebundene);
- Personen, die aus objektiven Zwängen auf die Benutzung öffentlicher Verkehrsmittel angewiesen sind (ÖV-Gebundene);
- Personen, die keinen Zwängen unterliegen und somit das Verkehrsmittel frei wählen können (Wahlfreie).

Die zweite und dritte Gruppe zusammen bilden das maximal ausschöpfbare Benutzerpotential für den ÖV. Die Gruppe der Wahlfreien wird die Verkehrsmittelwahl in Abhängigkeit der Angebotsqualität im IV und ÖV durchführen. Darum ist bei derartigen Betrachtungen auch immer die Angebotsqualität des Konkurrenzverkehrsmittels zu berücksichtigen. Die größten Verlagerungen vom IV zum ÖV werden durch Restriktionen im IV erreicht, ein gutes Angebot im ÖV vorausgesetzt.

Die Verkehrsqualität eines öffentlichen Verkehrsmittels läßt sich durch folgende Merkmale beschreiben:

- Reisegeschwindigkeit auf einer Relation;
- Direktheit einer Reise (Umsteigehäufigkeit, Umwegfahrten);
- Zugänglichkeit (Haltestellenlage zu den Siedlungsschwerpunkten, Haltestellenabstand);
- zeitliche Verfügbarkeit des Verkehrsmittels (Bedienungshäufigkeit, Betriebsdauer);
- Zuverlässigkeit (Fahrplantreue, Anschlußsicherung);
- Komfort;
- Übersichtlichkeit von Liniennetz, Fahrplan und Tarifstruktur.

Die Wirkungen von Maßnahmen auf den Modal-Split lassen sich nur sehr schwer beurteilen. Trotz intensiver empirischer Forschungen auf diesem Gebiet ist es bisher nicht gelungen, befriedigende, zeitlich und räumlich übertragbare Quantifizierungsansätze zu finden. Die bisher durchgeführten Vorher-Nachher-Untersuchungen beziehen sich meist nur auf sehr kurze Zeiträume. Da sich das Verkehrsverhalten aber meist erst langfristig ändert, wären Langzeituntersuchungen erforderlich. Einen sehr umfassenden internationalen Überblick über die Einflußfaktoren der ÖPNV-Nachfrage gibt der von Gutknecht[27] und Cerwenka zitierte Bericht "The Demand for Public Transport" einer internationalen Arbeitsgruppe[28]. In dieser Studie werden neben qualitativen Wirkungszusammenhängen für einzelne Angebotsmerkmale auch quantitative Aussagen in Form von Nachfrageelastizitäten angegeben. Die Elastizitäten kennzeichnen die anteilsmäßige Veränderung der ÖPNV-Nachfrage bei veränderten Angebotsmerkmalen. Für die nachstehend genannten Angebotsmerkmale sind dabei folgende Spannweiten für die Elastizitäten angegeben[29]:

- Beförderungsgeschwindigkeit +0,3 bis +0,5
- Zu- und Abgangszeit -0,1 bis -0,5
- Wartezeit -0,1 bis -0,6
- Fahrpreis -0,1 bis -0,6
- Bedienungshäufigkeit +0,2 bis +1,0.

Eine Fahrpreiselastizität von - 0,3 besagt z.B., daß eine zehnprozentige Fahrpreiserhöhung zu einem Fahrgastverlust von 3 % führt. Zwischen den einzelnen Untersuchungen treten große Unterschiede bei den Nachfrageelastizitäten auf. Die Übertragbarkeit von derartigen Ergebnissen auf andere Untersuchungsgebiete ist also sehr kritisch zu prüfen. Im Einzelfall ist darüber hinaus eine differenzierte Betrachtung nach Fahrtzwecken und räumlichen Strukturen durchzuführen.

Der Fahrtzweck hat eine grundlegende Bedeutung für das Verkehrsverhalten. Er gibt an, welche Daseinsgrundfunktionen (Wohnen, Arbeiten, geschäftliche Erledigung, Ausbildung, Versorgung/Einkauf, Erholung/Sonstiges) mit der jeweiligen Verkehrsteilnahme verbunden werden.

Da die Modal-Split-Anteile der verschiedenen Fahrtzwecke sehr unterschiedlich sind, werden Verkehrsmittel-Wahlbetrachtungen meist getrennt nach Fahrtzwecken durchgeführt.

Anlage 5.1 gibt differenziert nach Verkehrsmitteln das Verkehrsaufkommen, die Verkehrsleistung und die mittlere Reiseweite für den motorisierten Verkehr in der früheren Bundesrepublik

Deutschland im Jahr 1985 an (Nah- und Fernverkehr). Die dominierende Rolle des Individualverkehrs wird hier deutlich unterstrichen.

Das Verkehrsaufkommen für die Verkehrsmittel Individualverkehr, Bahn und Luftverkehr für den Fernverkehr getrennt nach Fahrtzwecken zeigt Anlage 5.2. Dem Fernverkehr werden alle Fahrten mit einer Fahrtweite über 50 km zugeordnet. Das Verkehrsaufkommen, die Verkehrsleistung sowie die mittlere Reiseweite im Schienenpersonenfernverkehr im Jahr 1985 sind in Anlage 5.3 dargestellt. Der Privatreiseverkehr nimmt mit einem Anteil von 53,8 % bezogen auf die Verkehrsleistung eine dominierende Rolle ein. Der Anteil des Urlaubsverkehrs, dazu gehören Freizeitfahrten mit einer Dauer von mehr als fünf Tagen, beträgt 23,8 %. Der Dienst- und Geschäftsreiseverkehr weist einen Anteil von 14,8 % auf.

In Anlage 5.4 ist das motorisierte Nahverkehrsaufkommen differenziert nach Fahrtzwecken dargestellt. Auffällig ist der extrem hohe ÖV-Anteil beim Ausbildungsverkehr. Dies resultiert aus der hohen Zahl der ÖV-Gebundenen beim Ausbildungsverkehr.

Im Mittel liegt der ÖV-Anteil im Nahverkehr mit 21,1 % deutlich höher als der Bahn-Anteil im Fernverkehr, der 1985 lediglich 6,8 % ausgemacht hat.

Die Verkehrs- und Raumentwicklung sind wechselseitig voneinander abhängig. Einerseits ermöglichen leistungsfähige Verkehrssysteme die räumliche Ausdehnung der Städte, andererseits begünstigen bestimmte Raumstrukturen bestimmte Verkehrssysteme.

Der ÖPNV-Anteil liegt in Kreisregionen mit großen Verdichtungsräumen (Kreisregionstyp 1) deutlich höher als in ländlich geprägten Kreisregionen (Kreisregionstyp 3); vergleiche dazu auch Abschnitt 2.2. Bei Cerwenka wird für das Jahr 1980 als Mittelwert in der (früheren) Bundesrepublik Deutschland ein ÖV-Anteil von 29,0 % für den Kreisregionstyp 1 und von 15,9 % für den Kreisregionstyp 3 angegeben.[30]

Die gleiche Aussage trifft auch für den Fernverkehr zu. Der Landkreis Vechta weist mit 0,5 % einen extrem niedrigen Bahn-Anteil auf (Bezugsjahr 1985). Für den Landkreis Diepholz wird ein Modal-Split-Anteil von 5,0 %, für den Landkreis Verden von 5,3 % und für den Landkreis Nienburg von 3,9 % angegeben. Im Vergleich dazu liegt der Bahn-Anteil in Kreisen mit guter Schienenanbindung (IC-Qualität) deutlich höher (z.B. Hamburg 10,4 %, Bremen 12,0 %, Göttingen 11,0 %).[31]

Die größten Nachfragezuwächse beim ÖV ergeben sich in Gebieten, in denen heute bereits ein gutes öffentliches Nahverkehrsangebot vorhanden ist.[32]

Die zu erwartenden relativen Zuwächse sind bei gleichem Reisezeitverhältnis IV/ÖV in den Klein- und Mittelstädten größer.[33]

Einen Forschungsüberblick über die Thematik gibt auch die vom Bundesminister für Verkehr herausgegebene Reihe "Aufbereitung von Ergebnissen der Stadtverkehrsforschung".

5.1   Reisegeschwindigkeit

Als wichtigstes Qualitätsmerkmal wird in der Literatur die Reisegeschwindigkeit auf einer Relation angesehen. Neben der Reisezeit von der Quelle bis zum Ziel wird dabei gleichzeitig die Weglänge berücksichtigt. Im Entfernungsbereich um 1 km dominieren die nichtmotorisierten Verkehrsarten (Fußgänger, Fahrradfahrer). Deren Modal-Split-Anteil fällt bis zu einem Entfernungsbereich von 5 km auf einen sehr niedrigen Wert ab. Der Kurvenverlauf für den motorisierten Individualverkehr unterscheidet sich von dem des öffentlichen Verkehrs insbesondere dadurch, daß er bereits bei geringen Entfernungen hohe Anteile erreicht und bei größeren Entfernungen (über 10 km) allmählich zunimmt.[34]

Wichtigste Reisezeitkomponente sind neben der reinen Fahrt- oder Beförderungszeit die Zu- und Abgangszeiten, die Wartezeiten und die Umsteigezeiten sowie beim IV die Parkplatzsuchzeiten. Die Zu-, Abgangs-, Warte- und Umsteigezeiten können einen großen Anteil an der Gesamtreisezeit ausmachen und stellen darüber hinaus einen zusätzlichen Widerstand dar.

Bei Ruske wird diesem Umstand dadurch Rechnung getragen, daß diese Zeiten mit Bewertungsfaktoren belegt werden. Für die Zu- und Abgangszeiten wird die reine Zu- bzw. Abgangszeit mit einem Faktor von 1,3 belegt. Für die Warte- und Umsteigezeiten wird ein Faktor von 1,5 und für die reine Beförderungszeit ein Faktor von 1,0 angegeben. Die Parkplatzsuchzeit im IV wird in Abhängigkeit von der Einwohnerzahl mit einem Zeitbedarf von bis zu zehn Minuten angegeben.[35]

Bei Gutknecht wird für die Umsteigezeit ein Zeitzuschlag von drei bis vier Minuten angegeben. Wenn das Umsteigen mit wenig körperlicher Anstrengung verbunden ist (kurze Fußwege, Umsteigen am gleichen Bahnsteig), die Einhaltung des Fahrplans gesichert (Anschlußsicherung) und voller Wetterschutz gewährleistet ist, dann ist dieser Zeitzuschlag deutlich abzumindern.[36]

Bei der Verkehrsmittelwahl ist jedoch die Reisegeschwindigkeit im ÖV und im IV von Bedeutung. Eine Veränderung der Verkehrsmittelwahl kann nicht allein durch eine Verbesserung des ÖPNV-Angebotes, sondern auch gleichzeitig durch Restriktionen beim IV im ruhenden und fließenden Verkehr erreicht werden.[37]

Für die Haus-zu-Haus-Reisegeschwindigkeit im ÖV wird bei Höffler ein Wert von über 20 km/h als gut bezeichnet.[38]

5.2   Umsteigehäufigkeit

In welchem Maße das Umsteigen als Beeinträchtigung der Reisequalität empfunden wird, hängt von der Anschlußqualität (kurze Wartezeiten, hohe Zuverlässigkeit) und von der Gestaltung der Übergangsanlagen ab. Verbindungen, die zwei- und mehrmaliges Umsteigen erfordern, werden von allen Zielgruppen als unattraktiv empfunden. Einmaliges Umsteigen wird noch akzeptiert, insbesondere innerhalb des Schnellbahnnetzes.[39] Erstaunlich ist die Tatsache, daß in der Normalverkehrszeit (hauptsächlich Gelegenheitsverkehr) im Gegensatz zur Hauptverkehrszeit (hauptsächlich Berufsverkehr) bei einmaligem Umsteigen ein ähnlich hoher Modal-Split-Anteil erreicht wird wie bei einer direkten Fahrt in der Hauptverkehrszeit.[40]

Im Rahmen einer Studie zur Ermittlung von Einsatzfeldern für das Magnetbahnsystem hat die Beratergruppe Verkehr + Umwelt (BVU) das Umsteigen auf der Ebene der Routenwahl für verschiedene Reisezwecke und das Verkehrsmittel Eisenbahn quantifiziert. So werden z.b. eine Direktverbindung mit einer Reisezeit von fünf Stunden und eine Verbindung mit einem Umsteigevorgang verglichen. Sind beide Verbindungen gleich schnell, so wird die Umsteigeverbindung vom Geschäftsreisenden zu ca. 50 %, vom Privatreisenden zu ca. 40 % und vom Urlaubsreisenden zu ca. 30 % gewählt. Ist die Umsteigeverbindung um 50 Minuten schneller, so entscheiden sich immerhin noch ca. 30 % der Urlaubsreisenden für die langsamere Direktverbindung. Dies macht deutlich, daß neben der Reisezeit die Umsteigehäufigkeit ein wichtiges Angebotsmerkmal im Schienenpersonenfernverkehr darstellt. Insbesondere ein Urlaubsreisender nimmt aufgrund seines Gepäcks recht große Fahrzeitverluste in Kauf, wenn er statt einer Umsteigeverbindung eine Direktverbindung vorfindet.

Für den Geschäftsreisenden ist die Reisezeit das entscheidende Kriterium bei der Verkehrsmittelwahl. Bei der Entwicklung von Angebotskonzepten für den Schienenpersonenfernverkehr ist jedoch zu berücksichtigen, daß der Anteil des Dienst- und Geschäftsreiseverkehrs an der Verkehrsleistung im Jahr 1985 lediglich 14,8 % betragen hat. Über 78 % der Verkehrsleistung wurde von Privat- und Urlaubsreisenden erbracht, für die ein Umsteigevorgang ein Qualitätsverlust bedeutet. Durch Einrichten von Direktverbindungen können weitere Potentiale dieses bedeutenden Marktsegmentes auf die Bahn verlagert werden.

5.3   Bedienungshäufigkeit

Die Bedienungshäufigkeit gibt die Anzahl der Fahrten pro Zeiteinheit im ÖV an. Sie ist letztlich die entscheidende Größe für die Verfügbarkeit von öffentlichen Verkehrsmitteln. Je größer deren Wert ist, desto unabhängiger ist der Fahrgast vom Fahrplan. Eine sehr dichte Taktfolge ermöglicht prinzipiell das Fahren ohne Fahrplankenntnisse. Durchschnittlich beträgt in solchen Fällen die Wartezeit die Hälfte der Zugfolgezeit, d.h. bei einem 15-Minuten-Takt im Mittel siebeneinhalb Minuten. Bei einer Taktfolge von über 20 Minuten richten sich die Fahrgäste i.d.R. nach der genauen Abfahrtzeit, um ihre Wartezeit zu minimieren.

Eine Akzeptanzschwelle, die unabhängig vom Fahrtzweck und der Fahrtrelation ist, wird bei einer Zugfolgezeit von zehn Minuten festgestellt, d.h. ein Fahrplanangebot wird besonders dann angenommen, wenn man ohne große Vorkenntnisse über den Fahrplan zufällig zur nächsten Haltestelle gehen kann und dort nach relativ kurzer Zeit ein Verkehrsmittel vorfindet.[41]

Bei größeren Zugfolgezeiten ist die Nachfrageelastizität relativ klein. Eine deutliche Verbesserung der Bedienungshäufigkeit ist jedoch nur mit erheblichem finanziellem Aufwand möglich.

5.4   Stellplatzverfügbarkeit

Die Verfügbarkeit über einen Stellplatz ist ein Aspekt der generellen Verfügbarkeit. Mangelnde Parkplatzverfügbarkeit in Ballungszentren ist einer der wichtigsten Sachzwänge, die die Pkw-Benutzung verhindern. Die Einschränkung der Stellplatzverfügbarkeit führt somit zu deutlichen Verlagerungen zum ÖV.[42]

5.5   Kosten einer ÖV-Fahrt

Die Kosten einer Reise im ÖPNV spielen bei der Verkehrsmittelwahl nur eine untergeordnete Rolle. Brög gibt an, daß bei jedem zwanzigsten Weg die Beförderungskosten der ausschlaggebende Grund sind. Bei einer 1978 im Münchener Verkehrsverbund durchgeführten Studie kommt Brög zu dem Ergebnis, daß Fahrpreiserhöhungen bis zu 10 % relativ unbedeutend sind. Bei einer Erhöhung um 30 % liegt der Fahrgastrückgang bei knapp 15 %.[43] Es ist jedoch zu erwarten, daß sich die durch Einschränkungen der Fahrtenhäufigkeit hervorgerufenen Verluste nach einer gewissen Anpassungsphase verringern werden. Als besonders preissensibel erweist sich die relativ kleine Gruppe der völlig Wahlfreien. Bei Tariferhöhungen ist bei dieser Gruppe mit einer etwa dreimal so hohen Abwanderungsreaktion zu rechnen.

Die Forschungsergebnisse geben jedoch nur die Verhältnisse vor dem Hintergrund der jeweils gültigen Preisrelationen wieder. Kräftige einseitige Erhöhungen des Kraftstoffpreises bzw. der ÖPNV-Preise können die Nutzung des jeweiligen Verkehrsmittels deutlich verringern.

Zumkeller[44] kommt zu dem Ergebnis, daß bei einem überproportionalen Anstieg der Kraftstoffpreise von 0,90 DM/l auf 3,- DM/l die Fahrten mit dem Pkw um etwa 18 % zurückgingen, wobei etwa 9 % dem ÖV, 5,5 % den Rad- und Fußwegen zugute kämen sowie etwa 3,5 % ganz entfielen. Im Fernverkehr spielt der Einfluß der Kosten einer Reise auf die Verkehrsmittelwahl eine große Rolle.[45] Dies trifft besonders auf die Gruppe der Privat- und Urlaubsreisenden zu. Untermauert wird diese Feststellung durch den Reisendenanstieg bei der Einführung von Spartarifen.

Es muß jedoch festgehalten werden, daß insgesamt vorwiegend relative und weniger absolute Preisverschiebungen für das Verhalten der Bevölkerung von Bedeutung sind.

5.6   Erreichbarkeit der Haltestellen

Die Erreichbarkeit der nächstgelegenen ÖV-Haltestelle wird als Komponente der Reisezeit (Zu- und Abgangszeit) bei der Verkehrsmittelwahl berücksichtigt. Mit wachsender Entfernung zur Haltestelle wird der ÖPNV seltener benutzt.[46]

Bei einer in Hamburg durchgeführten Studie wurde festgestellt, daß bei direkter Zugangsmöglichkeit zur Schnellbahn längere Fußwege akzeptiert werden.[47]

6. Angebotsanalyse ausgewählter Untersuchungsgebiete

6.1 Anbindung der Mittelzentren an die Oberzentren

In einem ersten Schritt einer Erreichbarkeitsanalyse wird in diesem Kapitel die Anbindung der 86 niedersächsischen Mittelzentren an die Oberzentren untersucht (vgl. Anl. 6.1). Als Bewertungskriterium wird die mittlere Fahrtdauer mit öffentlichen Verkehrsmitteln gewählt, wobei etwaige Übergangszeiten eingerechnet sind. Berücksichtigt sind nur Busse und zuschlagfreie Züge, d.h. bei Entfernungen über 50 km auch InterRegio, FD- und D-Züge, jedoch keine InterCity-Züge. Die so ermittelten Reisezeiten ergeben die in Abbildung 16 dargestellte räumliche Verteilung bezogen auf die zwölf relevanten Oberzentren.

Danach beträgt die mittlere Fahrzeit zum bzw. vom Oberzentrum:

- für 33 Mittelzentren zwischen 0 und 30 Minuten,

- für 33 Mittelzentren zwischen 30 und 60 Minuten und

- für 20 Mittelzentren über eine Stunde.

Für 66 Mittelzentren ist damit ein Oberzentrum in weniger als einer Stunde Fahrt zu erreichen.

Einige Mittelzentren weisen sogar zu zwei oder mehreren Oberzentren kurze Fahrzeiten auf, wie z.B. Delmenhorst, Münden oder Sarstedt, und lassen sich daher nicht ausschließlich einem Oberzentrum zuordnen.

Auch die Mittelzentren entlang der Hauptstrecken mit Fernverkehrszügen sind im allgemeinen gut bis sehr gut angebunden, keines ist weiter als 60 Minuten von einem Oberzentrum entfernt.

Andererseits zeigt die hohe Zahl von 20 Mittelzentren, die weiter als eine Stunde von Oberzentren entfernt sind, daß ein beträchtlicher Teil Niedersachsens als peripher gelegen zu bezeichnen ist (zumindest hinsichtlich des öffentlichen Verkehrsanschlusses). Zu diesen Mittelzentren gehört jeweils ein gewisser Verflechtungsbereich, für den die Reisezeiten i.d.R. noch länger sind als für den zentralen Ort selbst. Besonders herausragend ist dabei der Westen Niedersachsens mit Ostfriesland, dem Emsland und der Grafschaft Bentheim. Andere größere Gebiete sind das Wendland, der Harz und der Solling; also alles Gebiete an den Grenzen Niedersachsens.

Darüber hinaus sind aber selbst einige Mittelzentren, die eine zentrale geographische Lage besitzen, über 60 Minuten vom nächstgelegenen Oberzentrum entfernt: z.B. Lohne, Sulingen, Vechta und Wildeshausen von Bremen und Osnabrück sowie Munster und Walsrode von Bremen, Hamburg und Hannover. Hier zeigt sich deutlich, daß abseits der Hauptverkehrsstrecken nur noch geringe Reisegeschwindigkeiten erzielt werden und somit die dort gelegenen Orte trotz verhältnismäßig geringer Entfernungen für Benutzer öffentlicher Verkehrsmittel in eine Randlage geraten. Dies gilt um so mehr, je größer der Anteil des Busverkehrs ist. So ist Lüchow fast drei Stunden von Hamburg entfernt und Clausthal-Zellerfeld etwa zwei Stunden von Göttingen.

Der enge Zusammenhang zwischen qualifiziertem Schienenverkehr und guter Erreichbarkeit ist offensichtlich. Um die raumstrukturelle Erschließung der oben angesprochenen Problemgebiete zu verbessern, was aus raumordnerischer Sicht wünschenswert wäre, ist eine Qualitätssteigerung der Fernverkehrsanbindung erforderlich.

Abb. 15: Reisezeiten-Isochronen in Niedersachsen

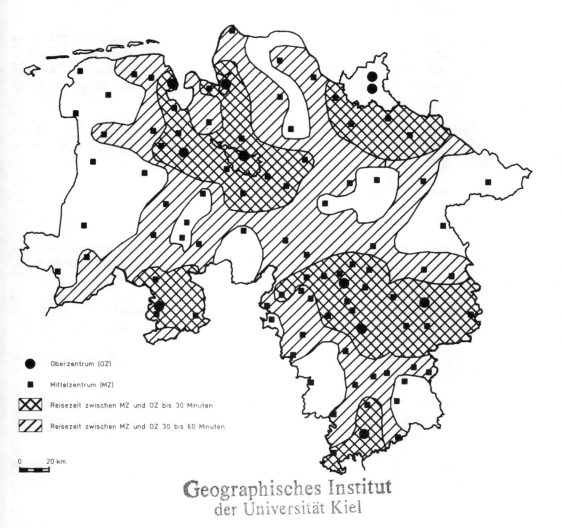

- ● Oberzentrum (OZ)
- ■ Mittelzentrum (MZ)
- ⊠ Reisezeit zwischen MZ und OZ bis 30 Minuten
- ▨ Reisezeit zwischen MZ und OZ 30 bis 60 Minuten

0   20 km

6.2 Fernverkehrsanbindung von Mittelzentren

6.2.1 Methodik

Am Beispiel von drei Mittelzentren aus dem Untersuchungsgebiet (s. Abb. 26) sowie von fünf weiteren niedersächsischen Mittelzentren (s. Abb. 16) soll untersucht werden, wie diese an den qualifizierten Fernverkehr der Deutschen Bundesbahn angeschlossen sind. Zum qualifizierten Fernverkehr zählen die folgenden Zuggattungen:

- InterCity bzw. EuroCity,
- InterRegio und
- vertaktete D-Züge als Vorläufer zum InterRegio.

Im Fall des Mittelzentrums Nordhorn sind außerdem die auf der Strecke Hannover - Hengelo verkehrenden internationalen Schnellzüge berücksichtigt worden.

Da alle ausgewählten Mittelzentren selbst keinen qualifizierten Fernverkehr aufweisen, ist der Zu- bzw. Abbringerverkehr zwischen ihnen und den Haltepunkten der oben genannten Zuggattungen das entscheidende Merkmal zur Bewertung der Qualität der Anbindung. Für jedes Mittelzentrum wurden nur die Anbindungen an die wichtigsten Relationen des Fernverkehrs anhand der nachfolgenden Kriterien untersucht:

- Anzahl der Fernverkehrszüge, die im jeweiligen Fernverkehrsbahnhof ankommen und abfahren. Diese sind ggf. nach wichtigen Relationen getrennt ausgewertet (z.B. in Kreiensen: InterRegio-Züge in Richtung Hannover und in Richtung Göttingen).

- Anzahl der Anschlußverbindungen vom und zum Mittelzentrum.

- Verkehrsmittel der Anschlußverbindungen (Zug oder Bus).

- Fahrzeit zwischen dem Mittelzentrum und dem Fernverkehrsbahnhof. Unterwegshalte- und -übergangszeiten, nicht jedoch die auf dem Fernverkehrsbahnhof, sind in diesem Wert enthalten.

- Umsteigehäufigkeit zwischen dem Mittelzentrum und dem Fernverkehrsbahnhof. Der Übergang von und zum Zug des qualifizierten Fernverkehrs geht nicht in diesen Wert ein.

- Übergangszeit auf dem Fernverkehrsbahnhof: Zeit zwischen Ankunft des Zubringers und Abfahrt des Fernverkehrszuges bzw. entsprechend umgekehrt.

- Die Reisegeschwindigkeit bezeichnet die (durchschnittliche) Geschwindigkeit zwischen dem Mittelzentrum und dem Fernverkehrsbahnhof, unter Berücksichtigung sämtlicher Unterwegshalte- und -übergangszeiten.

- Die Zubringergeschwindigkeit setzt sich aus der Reisegeschwindigkeit und der Übergangszeit zwischen Fernverkehr und Anschlußverbindung zusammen; d.h. die Zeit von der Abfahrt im

Mittelzentrum bis zur Abfahrt des Fernverkehrszuges (bzw. entsprechend umgekehrt für die Ankunftszeiten) bezogen auf die jeweilige Entfernung zwischen Mittelzentrum und Fernverkehrsbahnhof.

Sämtliche Angaben zu den oben erläuterten Kriterien beziehen sich auf Verbindungen, die ohne saisonale Einschränkungen (z.B. Schultage) an Werktagen außer samstags im Sommerfahrplan 1990 verkehren.

Abb. 16: Ausgewählte Beispielräume (Mittelbereiche)

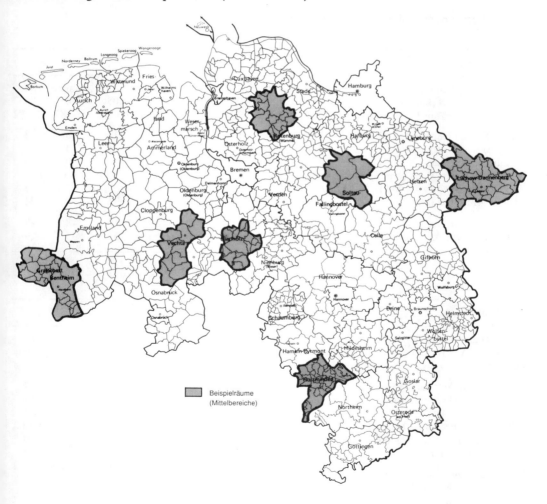

Beispielräume
(Mittelbereiche)

6.2.2   Bremervörde

Einwohnerzahl Stadt Bremervörde (1988):	17.624
Einwohnerzahl Mittelbereich Bremervörde (1988):	40.213
Fläche des Mittelbereichs:	640 km²
Bevölkerungsdichte des Mittelbereichs:	63 E/km²

Der zentralörtliche Verflechtungsbereich des Mittelzentrums Bremervörde liegt im Norden des Landkreises Rotenburg (Wümme) inmitten des Elbe-Weser-Dreiecks und umfaßt die Einheitsgemeinden Bremervörde und Gnarrenburg sowie die Samtgemeinden Geestequelle und Selsingen (s. Abb. 17). In diesem sehr dünn besiedelten Raum stagniert die Bevölkerungszahl seit mehreren Jahren.

Tab. 6: Fernverkehrsanbindung von Bremervörde

Mittelzentrum (A)							Bremervörde	
Fernverkehrsbahnhof (B)	Bremerhaven		Bremen		Bremen		Hamburg Hbf	
Entfernung A − B (km)	42	42	105	105	105	105	84	84
Fernzüge in (−>/aus (<−) Richtung	−> HB	<− HB	−> OS	< − OS	−> H	<− H	−> KI	<− KI
Anzahl Fernverkehrszüge an/ab B	7	6	14	15	14	12	3	3
davon Anschluß von/nach A	7	4	12	7	8	5	3	3
Busfahrt erforderlich	0	0	1	0	0	0	0	0
Fahrzeit A−B bzw. B−A (h:min)	0:44	0:42	1:43	1:48	1:35	1:55	1:46	1:48
Umsteigehäufigkeit zw. A und B	0,0	0,0	1,0	1,0	1,0	1,0	1,3	1,3
Übergangszeit in B (min)	19	41	36	12	11	5	36	31
Reisegeschw. zw. A und B (km/h)	57	61	61	58	66	55	48	47
Zubringer-"-. zw. A und B (km/h)	40	30	45	52	59	53	35	29

Mittelzentrum (A)			Bremervörde
Fernverkehrsbahnhof (B)	Hamburg Hbf		Fernv.
Entfernung A − B (km)	84	84	gesamt
Fernzüge in (−>/aus (<−) Richtung	−> HL	<− HL	
Anzahl Fernverkehrszüge an/ab B	5	3	82
davon Anschluß von/nach A	5	3	57
Busfahrt erforderlich	0	0	1
Fahrzeit A−B bzw. B−A (h:min)	1:45	1:49	1:33
Umsteigehäufigkeit zw. A und B	1,5	1,3	1,0
Übergangszeit in B (min)	46	65	27
Reisegeschw. zw. A und B (km/h)	48	46	57
Zubringer-"-. zw. A und B (km/h)	33	29	44

HB=Bremen, OS=Osnabrück, H=Hannover, KI=Kiel, HL=Lübeck

Abb. 17: Mittelzentraler Verflechtungsbereich Bremervörde

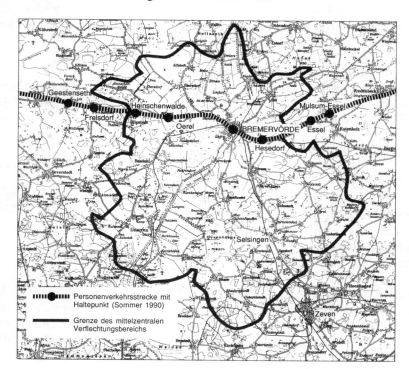

Auch wenn dieser Raum nicht weit von den Oberzentren Bremerhaven (39 km), Bremen (67 km) und Hamburg-Harburg (58 km) entfernt liegt, so liegt er doch abseits der diese Zentren verbindenden Achsen. Dem einstmaligen Bahnknotenpunkt Bremervörde ist nur noch die Strecke Bremerhaven - Stade geblieben, auf der jedoch Samstag nachmittags und sonntags der Verkehr ruht. Für die Erschließung des Mittelbereichs hat dieser Schienenverkehr allerdings nur wenig Bedeutung.

Der für Bremervörde nächstgelegene Fernverkehrsbahnhof (Bremerhaven) wird umsteigefrei in weniger als einer Dreiviertelstunde mit dem Zug erreicht. Durch lange Übergangszeiten, vor allem vom InterCity auf den Nahverkehrszug, erreicht die Zubringergeschwindigkeit trotz relativ hoher Reisegeschwindigkeit ausgesprochen niedrige Werte.

Die Fahrzeit zum InterCity-Bahnhof Bremen beträgt bereits eineinhalb bis zwei Stunden und erfordert grundsätzlich einmaliges Umsteigen. Aufgrund geringer Übergangszeiten in Bremen wird jedoch eine hohe Zubringergeschwindigkeit erzielt. Während von Bremervörde aus die meisten InterCity-Züge nach Osnabrück und Hannover erreicht werden, ist die Anschlußversorgung in Gegenrichtung schlecht. Nicht einmal die Hälfte der in Bremen ankommenden InterCity-Züge hat Anschluß nach Bremerhaven, dies trifft vor allem auf die abends eintreffenden InterCity-Züge zu.

Die wenigen zwischen Hamburg und Kiel bzw. Lübeck verkehrenden InterCity-Züge sind von bzw. nach Bremervörde angebunden, wobei allerdings lange Übergangszeiten bestehen, die im Verein mit der langen An-/Abreise und mehrfachem Umsteigen zu sehr niedrigen Zubringergeschwindigkeiten führen.

Bremervörde ist im Fernverkehrsanschluß eindeutig auf Bremerhaven bzw. Bremen ausgerichtet. Eine systematische Anbindung an den Fernverkehr über Hamburg hinaus (nach Schleswig-Holstein) ist nicht vorhanden. Ohnehin dürfte Hamburg als Reiseziel wesentlich bedeutender sein als Schleswig-Holstein.

6.2.3   Holzminden

Einwohnerzahl Stadt Holzminden (1988):	20.918
Einwohnerzahl Mittelbereich Holzminden (1988):	79.329
Fläche des Mittelbereichs:	692 km²
Bevölkerungsdichte des Mittelbereichs:	115 E/km²

Das Mittelzentrum Holzminden liegt im südlichen Teil Niedersachsens unmittelbar an der Landesgrenze zu Nordrhein-Westfalen, die hier durch die Weser gebildet wird. Der mittelzentrale Verflechtungsbereich von Holzminden, der sich nach dem niedersächsischen Raumordnungsbericht 1984 mit dem Landkreis Holzminden deckt (s. Abb. 18), liegt vollständig im Weser- und Leinebergland. Deren dichtbewaldete und stark reliefierte Höhenzüge bedecken etwa 45 % der Gesamtfläche, wodurch sich die Besiedlung auf die verbleibenden Täler und Ebenen konzentriert. Dort wird eine für den ländlichen Raum verhältnismäßig hohe Bevölkerungsdichte von 208 Einw./km² erreicht.

Das enge und windungsreiche Wesertal, die umliegenden Höhenzüge sowie die historische Grenzlage (Hannover und Westfalen) haben das Entstehen überregional bedeutsamer Verkehrswege verhindert. So verläuft bis heute keine Autobahn und keine Eisenbahnstrecke mit Fernverkehr durch dieses Gebiet. Zusammen mit dem unmittelbar benachbarten Mittelzentrum Höxter (Nordrhein-Westfalen) zeichnet sich die Region durch ihre oberzentrenferne Lage aus, die eine räumliche Zuordnung erschwert.

Neben Holzminden haben im Verflechtungsbereich nur noch Stadtoldendorf und Lauenförde Bahnanschluß, so daß der Schiene bei der Erschließung des Umlandes derzeit keine große Bedeutung zukommt.

Holzminden ist mit den beiden InterRegio-Haltepunkten Kreiensen und Altenbeken durch einen relativ schnellen, vertakteten Eilzugverkehr verbunden. Aufgrund weniger Zwischenhalte, der strengen Ausrichtung auf die InterRegio-Züge (alle IRs sind mit kurzen Übergangszeiten angebunden) werden hohe Reisegeschwindigkeiten (75 km/h) erzielt. Daraus resultierend, ergeben sich mit 59 bzw. 46 km/h recht hohe Zubringergeschwindigkeiten.

Tab. 7: Fernverkehrsanbindung von Holzminden

Mittelzentrum (A)	Holzminden							
Fernverkehrsbahnhof (B)	Kreiensen		Kreiensen		Altenbeken		Altenbeken	
Entfernung A − B (km)	44	44	44	44	49	49	49	49
Fernzüge in (−>/aus (<−) Richtung	−> GÖ	<− GÖ	−> H	< − H	−> KS	<− KS	−> PB	<− PB
Anzahl Fernverkehrszüge an/ab B	7	7	8	8	12	12	11	11
davon Anschluß von/nach A	7	7	8	8	11	10	8	9
Busfahrt erforderlich	0	0	0	1	0	0	0	0
Fahrzeit A−B bzw. B−A (h:min)	0:35	0:35	0:35	0:35	0:53	0:50	0:59	0:52
Umsteigehäufigkeit zw. A und B	0,0	0,0	0,0	0,0	0,5	0,3	0,6	0,4
Übergangszeit in B (min)	23	22	10	9	23	35	13	20
Reisegeschw. zw. A und B (km/h)	75	75	75	68	55	59	50	56
Zubringer-"-. zw. A und B (km/h)	46	46	59	56	38	35	41	41

Mittelzentrum (A)	Holzminden				
Fernverkehrsbahnhof (B)	Göttingen		Göttingen		Fernv.
Entfernung A − B (km)	81	81	81	81	gesamt
Fernzüge in (−>/aus (<−) Richtung	−> F	<− F	> −Wü	<− Wü	
Anzahl Fernverkehrszüge an/ab B	15	15	15	15	136
davon Anschluß von/nach A	14	12	13	13	120
Busfahrt erforderlich (%)	2	1	2	4	9
Fahrzeit A−B bzw. B−A (h:min)	1:27	1:24	1:32	1:27	1:05
Umsteigehäufigkeit zw. A und B	0,9	1,0	0,8	0,8	0,5
Übergangszeit in B (min)	20	12	31	33	22
Reisegeschw. zw. A und B (km/h)	56	58	53	56	61
Zubringer-"-. zw. A und B (km/h)	45	51	40	41	45

GÖ=Göttingen, H=Hannover, KS=Kassel, PB=Paderborn, F=Frankfurt (Main), WÜ=Würzburg

Die Anbindung an den nächstgelegenen InterCity-Bahnhof (Göttingen) ist wesentlich umständlicher: drei verschiedene Bahnstrecken und eine Buslinie stellen die Verbindung her. Andererseits besteht dadurch eine Vielzahl von Fahrtmöglichkeiten, wodurch nahezu alle InterCity-Züge in Göttingen erreicht werden. Auch der Abbringerverkehr von Göttingen nach Holzminden ist bis in die Abendstunden vorhanden.

Abb. 18: Mittelzentraler Verflechtungsbereich Holzminden

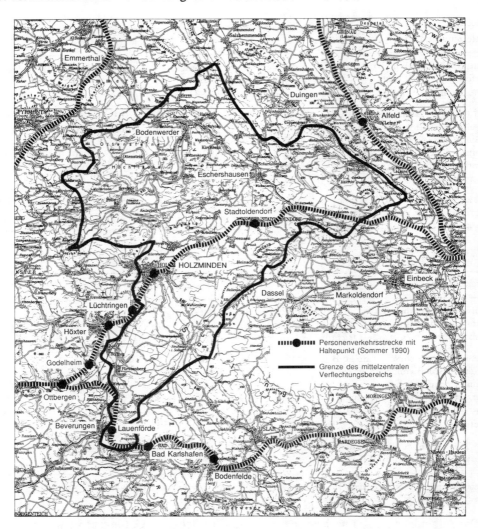

6.2.4   Lüchow

Einwohnerzahl Stadt Lüchow (1988):	9.395
Einwohnerzahl Mittelbereich Lüchow (1988):	44.427
Fläche des Mittelbereichs:	1.220 km²
Bevölkerungsdichte des Mittelbereichs:	36 E/km²

Der Landkreis Lüchow-Dannenberg als zentralörtlicher Verflechtungsbereich des Mittelzentrums Lüchow liegt im äußersten Nordosten des Landes Niedersachsen (s. Abb. 19). Dieses Gebiet zeichnete sich bisher vor allem durch seine extreme Grenzlage aus, denn es grenzte auf drei Seiten an die ehemalige DDR. Das ohnehin dünn besiedelte Wendland war durch seine periphere Lage seit dem Zweiten Weltkrieg durch Abwanderung gekennzeichnet und verlor etwa ein Drittel seiner Bevölkerung. Heute ist der Landkreis Lüchow-Dannenberg mit einer Bevölkerungsdichte von 36 Einw./km² das am dünnsten besiedelte Gebiet der früheren Bundesrepublik Deutschland. Seine Siedlungsstruktur ist gekennzeichnet durch das Fehlen größerer Orte und die große Anzahl (über 200) kleiner und kleinster Orte (z.B. Rundlinge).

Aufgrund seiner räumlich isolierten Lage verfügt das Wendland über keine überregional bedeutsamen Verkehrswege wie Autobahnen oder Schnellzugstrecken. Lediglich die Bahnstrecke Lüneburg - Dannenberg Ost weist als einzige im ganzen Landkreis noch Personenverkehr auf. Lüchow ist eine von vier niedersächsischen Kreisstädten, die nicht an das Reisezugnetz der Bundesbahn angeschlossen sind.

Durch den fehlenden Schienenanschluß und die verhältnismäßig großen Entfernungen zu den InterRegio-Bahnhöfen Uelzen (42 km) und Lüneburg (74 km) ist die Anbindung an den Fernverkehr zeitaufwendig.

Tab. 8: Fernverkehrsanbindung von Lüchow

Mittelzentrum (A)		Lüchow			
Fernverkehrsbahnhof (B)	Uelzen	Lüneburg			Fernv.
Entfernung A − B (km)	42	42	74	74	gesamt
Fernzüge in (−>)/aus (<−) Richtung	−> H	<− H	−> HH	<− HH	
Anzahl Fernverkehrszüge an/ab B	8	8	8	8	32
davon Anschluß von/nach A	7	8	6	6	27
Busfahrt erforderlich	7	8	6	6	27
Fahrzeit A−B bzw. B−A (h:min)	1:10	1:11	1:58	2:20	1:37
Umsteigehäufigkeit zw. A und B	0,0	0,1	0,7	0,7	0,3
Übergangszeit in B (min)	46	42	34	36	40
Reisegeschw. zw. A und B (km/h)	36	35	38	32	35
Zubringer-"-. zw. A und B (km/h)	22	22	29	25	24

H=Hannover, HH=Hamburg

Trotz überwiegend umsteigefreier Verbindungen werden aufgrund des Verkehrsmittels Bus nur sehr niedrige Reisegeschwindigkeiten erzielt, die mit durchschnittlich 35 km/h deutlich unter denen der übrigen sieben Beispielräume liegen. Durch die langen Übergangszeiten in Uelzen und Lüneburg beträgt die mittlere Zubringergeschwindigkeit sogar nur 25 km/h und zeigt deutlich den schlechten Anschluß Lüchows an das Fernverkehrsnetz.

Möglicherweise orientiert sich Lüchow durch die Beseitigung der innerdeutschen Grenze im Fernverkehr neu, denn die benachbarte Kreisstadt Salzwedel, von wo aus Anschlüsse nach bzw. von Berlin bestehen, ist nur 15 km entfernt.

Abb. 19: Mittelzentraler Verflechtungsbereich Lüchow

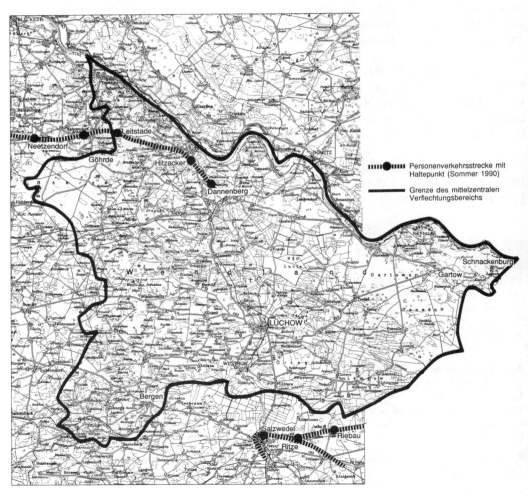

6.2.5   Nordhorn

Einwohnerzahl Stadt Nordhorn (1988):	48.451
Einwohnerzahl Mittelbereich Nordhorn (1988):	117.366
Fläche des Mittelbereichs:	980 km²
Bevölkerungsdichte des Mittelbereichs:	120 E/km²

Dem Mittelzentrum Nordhorn wird nach dem niedersächsischen Raumordnungsbericht 1984 als mittelzentraler Verflechtungsbereich der Landkreis Grafschaft Bentheim zugeordnet (s. Abb. 20). Er ist der westlichste niedersächsische Landkreis und ragt mit seinem Nordteil etwa 25 km in die Niederlande vor. Die Staatsgrenze im Westen einerseits und die natürlichen Grenzen (Moore und Heideflächen) im Osten andererseits prägen die periphere Lage dieses Raumes.

Über die Hälfte der Kreisbewohner wohnt in den beiden Städten Nordhorn (48.451) und Bad Bentheim (13.741), so daß das übrige Gebiet mit nur 76 Einw./km² sehr dünn besiedelt ist. Allerdings gehört der Landkreis Grafschaft Bentheim zu den wenigen Kreisen in Niedersachsen, die Geburtenüberschuß und steigende Bevölkerungszahlen aufweisen.[22]

Überregionale bzw. international bedeutsame Verkehrswege erschließen nur den Südteil des Kreises, der von der Autobahn A 30 (Osnabrück - Oldenzaal) und der Eisenbahnstrecke Hannover - Osnabrück - Hengelo - Randstad in Ost-West-Richtung durchquert wird.

Das Mittelzentrum Nordhorn selbst verfügt über keinen Anschluß an das Reisezugnetz mehr und ist damit nach Garbsen die größte niedersächsische Gemeinde ohne Schienenpersonenverkehr. Es besteht allerdings ein Schienenanschluß der Bentheimer Eisenbahn KG. Sie wird nur im Güterverkehr bedient. In Nordhorn betreibt die Bentheimer Eisenbahn KG eine Umschlaganlage im Auftrage der Transfracht. Es werden jährlich etwa 2000 Container umgeschlagen. Die flächenhafte Erschließung des Nordhorner Umlandes erfolgt im ÖPNV ausschließlich mit Bussen.

Tab. 9: Fernverkehrsanbindung von Nordhorn

Mittelzentrum (A)	Nordhorn								
Fernverkehrsbahnhof (B)	B. Bentheim		B. Bentheim		Osnabrück		Münster/W		Fernv.
Entfernung A − B (km)	17	17	17	17	86	86	77	77	gesamt
Fernzüge in (−>/aus (<−) Richtung	−> NL	<− NL	−> OS	<−OS	−> HB	<− HB	−> DO	<− DO	
Anzahl Fernverkehrszüge an/ab B	9	11	11	12	17	17	16	16	109
davon Anschluß von/nach A	9	9	10	9	10	9	10	10	76
Busfahrt erforderlich	9	9	10	9	10	9	10	10	76
Fahrzeit A−B bzw. B−A (h:min)	0:22	0:29	0:20	0:22	1:19	1:20	1:50	1:33	0:58
Umsteigehäufigkeit zw. A und B	0,0	0,0	1,0	1,0	1,0	1,0	2,0	2,0	1,0
Übergangszeit in B (min)	36	27	17	12	10	34	24	16	22
Reisegeschw. zw. A und B (km/h)	46	35	51	46	65	64	41	48	50
Zubringer-"-. zw. A und B (km/h)	18	18	28	30	57	45	34	42	34

NL=Niederlande, OS=Osnabrück, HB=Bremen, DO=Dortmund

Im Fall Nordhorns macht sich der fehlende Schienenanschluß nicht in dem Maße negativ bemerkbar wie bei Lüchow, da die Entfernung zum nächstgelegenen Fernverkehrsbahnhof (Bad Bentheim) nur 17 km beträgt. Zudem bestehen zahlreiche Verbindungen zwischen den beiden Städten, so daß nahezu von bzw. zu allen Fernverkehrszügen Anschlüsse bestehen.

Durch kurze Übergangszeiten in Bad Bentheim werden auch verhältnismäßig hohe Reisegeschwindigkeiten zum InterCity-Haltepunkt Osnabrück erzielt. Die Anbindung an den IC-Verkehr in Münster erfordert bereits zweimaliges Umsteigen und erreicht dadurch nur eine geringere Qualität. Die Anbindung an den Fernverkehr in die Niederlande ergibt sich eher zufällig; entsprechend lang sind dadurch die Übergangszeiten.

Abb. 20: Mittelzentraler Verflechtungsbereich Nordhorn

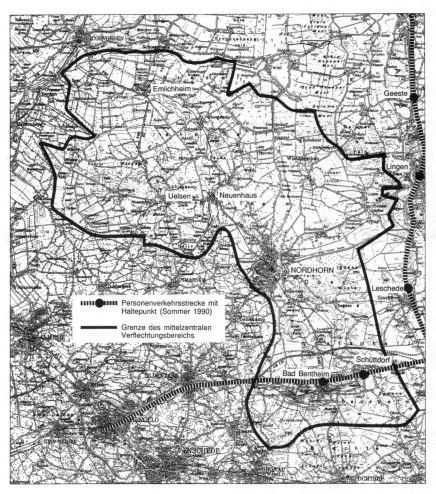

6.2.6 Soltau

Einwohnerzahl Stadt Soltau (1988):	19.179
Einwohnerzahl Mittelbereich Soltau (1988):	57.530
Fläche des Mittelbereichs:	769 km²
Bevölkerungsdichte des Mittelbereichs:	75 E/km²

Der zentralörtliche Verflechtungsbereich des Mittelzentrums Soltau gehört zur Lüneburger Heide und besteht aus den Gemeinden Bispingen, Neuenkirchen, Schneverdingen, Soltau und Wietzendorf (s. Abb. 21). Dieser Raum liegt etwa auf halbem Weg zwischen Hamburg und Hannover sowie Bremen und Uelzen.

Tab. 10: Fernverkehrsanbindung von Soltau

Mittelzentrum (A)							Soltau	
Fernverkehrsbahnhof (B)	Hannover		Hannover		Hamburg Hbf		Hamburg Hbf	
Entfernung A − B (km)	88	88	88	88	77	77	77	77
Fernzüge in (−>/aus (<−) Richtung	−> F	<− F	−> WÜ	<− WÜ	−> KI	<− KI	−> HL	<− HL
Anzahl Fernverkehrszüge an/ab B	14	14	13	13	3	3	4	4
davon Anschluß von/nach A	8	10	6	8	2	3	3	4
Busfahrt erforderlich	0	0	0	0	0	0	0	0
Fahrzeit A−B bzw. B−A (h:min)	1:38	1:42	1:34	1:27	1:22	1:36	1:27	1:29
Umsteigehäufigkeit zw. A und B	0,0	0,1	0,0	0,1	1,5	1,0	1,3	1,0
Übergangszeit in B (min)	34	25	8	32	25	62	44	47
Reisegeschw. zw. A und B (km/h)	54	52	56	61	56	48	56	52
Zubringer-"-. zw. A und B (km/h)	40	42	52	44	43	29	35	34

Mittelzentrum (A)			Soltau	
Fernverkehrsbahnhof (B)	Bremen			Fernv.
Entfernung A − B (km)	74	74		gesamt
Fernzüge in (−>/aus (<−) Richtung	−> OS	<− OS		
Anzahl Fernverkehrszüge an/ab B	17	16		101
davon Anschluß von/nach A	6	7		57
Busfahrt erforderlich	0	0		0
Fahrzeit A−B bzw. B−A (h:min)	1:05	1:05		1:27
Umsteigehäufigkeit zw. A und B	0,0	0,0		0,3
Übergangszeit in B (min)	38	17		30
Reisegeschw. zw. A und B (km/h)	68	68		58
Zubringer-"-. zw. A und B (km/h)	43	54		43

F=Frankfurt (Main), WÜ=Würzburg, KI=Kiel, HL=Lübeck, OS=Osnabrück

Aufgrund seiner landschaftlichen Schönheit (Heidelandschaft) und der räumlichen Nähe zu den drei Ballungsgebieten Bremen, Hamburg und Hannover ist die Region ein wichtiges Naherholungsgebiet und weist ein entsprechend hohes touristisches Verkehrsaufkommen auf.

Trotz der beschriebenen zentralen Lage wird der Raum nur vom Straßennetz im überregionalen Verkehr erschlossen. Soltau hat zwei Anschlußstellen an die wichtige Nord-Süd-Autobahn A 7.

Im Schienenverkehr verlaufen die wichtigen Fernverkehrsstrecken an Soltau weiträumig vorbei. Dennoch ist die Stadt ein Eisenbahnknotenpunkt mit Direktverbindungen zu vier Fernverkehrsbahnhöfen: Uelzen (52 km), Bremen (74 km), Hamburg Hbf (77 km) und Hannover (88 km).

Abb. 21: Mittelzentraler Verflechtungsbereich Soltau

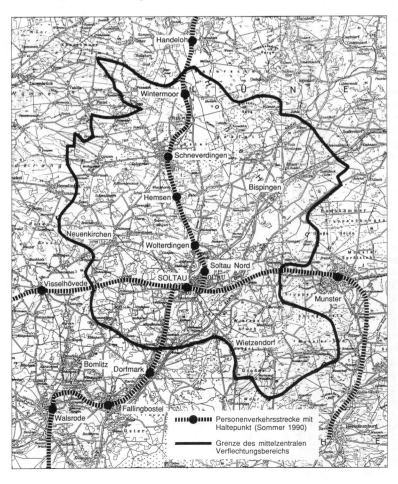

Von den vier oben genannten Fernverkehrsbahnhöfen spielt Uelzen für Soltau keine Rolle. Die Anschlüsse vom bzw. an den dortigen InterRegio-Verkehr sind ausgesprochen schlecht, so daß die direkte Fahrt nach Hamburg bzw. Hannover i.d.R. schneller und vor allem preiswerter ist.

Aufgrund der fast ausschließlich umsteigefreien Verbindungen ist die Reisegeschwindigkeit verhältnismäßig hoch; allerdings wird wegen der durchschnittlichen Übergangszeit von 30 Minuten (der zweithöchste Wert) nur eine Zubringergeschwindigkeit von 43 km/h erreicht. Die Anbindung an Bremen ist darüber hinaus durch die niedrige Bedienungshäufigkeit attraktivitätsmindernd.

6.2.7   Mittelzentren im Untersuchungsgebiet

Für das eigentliche Untersuchungsgebiet (s. Abb. 26) soll am Beispiel der drei Mittelzentren Lohne, Sulingen und Vechta die Anbindung an den qualifizierten Fernverkehr untersucht werden. Eine Betrachtung der Raumstruktur erfolgt in Kapitel 6.3.

Lohne

Tab. 11: Fernverkehrsanbindung von Lohne

Mittelzentrum (A)			Lohne		
Fernverkehrsbahnhof (B)	Bremen		Osnabrück		Fernv.
Entfernung A − B (km)	70	70	56	56	gesamt
Fernzüge in (−>/aus (<−) Richtung	−> HH	<− HH	−> MS	<− MS	
Anzahl Fernverkehrszüge an/ab B	18	17	18	17	70
davon Anschluß von/nach A	7	8	9	8	32
Busfahrt erforderlich	3	2	4	4	13
Fahrzeit A−B bzw. B−A (h:min)	1:29	1:34	1:18	1:18	1:24
Umsteigehäufigkeit zw. A und B	0,7	0,7	0,6	0,8	0,7
Übergangszeit in B (min)	29	18	15	24	21
Reisegeschw. zw. A und B (km/h)	47	45	43	43	44
Zubringer-"-. zw. A und B (km/h)	36	38	36	33	36

HH=Hamburg, MS=Münster

Lohne ist über die Bahnstrecke 1560[49] mit den InterCity-Bahnhöfen Bremen und Osnabrück verbunden. Aufgrund des geringen Zug- und Busangebots bestehen nur zu bzw. von weniger als der Hälfte der InterCity-Züge Anschlußmöglichkeiten. Die geringe Höchstgeschwindigkeit auf der Strecke sowie teilweise Umsteigezwänge in Delmenhorst bzw. Bramsche führen zu einer Reisegeschwindigkeit von nur 44 km/h. Dieser Wert wird allerdings auch durch zwei Busverbindungen über Diepholz (von dort Bahnanschluß) geprägt, die noch langsamer sind als die Züge.

Andererseits ist die durchschnittliche Übergangszeit von 21 Minuten die kürzeste aller untersuchten Mittelzentren, so daß die Zubringergeschwindigkeit immerhin noch 36 km/h beträgt.

Abb. 22: Mittelzentraler Verflechtungsbereich Lohne

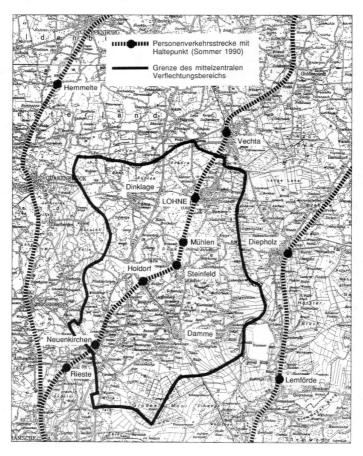

Sulingen

Die Anbindung von Sulingen an das Fernverkehrsnetz geschieht fast ausschließlich mit dem Bus, da nur noch zwei Zugpaare auf der Strecke 2982 Bassum - Rahden verkehren. Aufgrund seiner Lage wurden für Sulingen die Fernverkehrsanschlüsse in vier Bahnhöfen untersucht, mit denen es über die Schiene verbunden ist bzw. war: Bielefeld, Bremen, Hannover und Osnabrück.

Aufgrund der Entfernungen und der Dominanz des Verkehrsmittels Bus beträgt die durchschnittliche Fahrtzeit zwischen Sulingen und den Fernverkehrsbahnhöfen 1:40 h und erreicht damit den höchsten Wert der acht untersuchten Städte. Durch die geringe Anzahl der Verbindungen werden zudem zu weniger als 40 % der Fernverkehrszüge Anschlüsse hergestellt. Die geringste Anzahl von Anschlüssen (vier) besteht am InterCity-Bahnhof Bielefeld.

Tab. 12: Fernverkehrsanbindung von Sulingen

Mittelzentrum (A)								Sulingen
Fernverkehrsbahnhof (B)	Hannover		Hannover		Osnabrück		Bremen	
Entfernung A − B (km)	82	82	88	88	85	85	54	54
Fernzüge in (−>/aus (<−) Richtung	−> F	<− F	−> WÜ	<− WÜ	−> MS	<− MS	−> HH	<− HH
Anzahl Fernverkehrszüge an/ab B	14	14	13	13	18	17	18	17
davon Anschluß von/nach A	7	5	7	3	8	6	8	8
Busfahrt erforderlich	7	7	7	3	8	6	6	6
Fahrzeit A−B bzw. B−A (h:min)	1:54	2:06	1:54	2:03	1:44	1:28	1:11	1:06
Umsteigehäufigkeit zw. A und B	1,0	1,0	1,0	1,0	1,0	1,0	0,8	0,8
Übergangszeit in B (min)	10	25	42	11	22	24	28	18
Reisegeschw. zw. A und B (km/h)	43	39	43	40	49	52	46	49
Zubringer-"-. zw. A und B (km/h)	40	33	32	37	40	42	33	39

Mittelzentrum (A)			Sulingen	
Fernverkehrsbahnhof (B)	Bielefeld			Fernv.
Entfernung A − B (km)	95	95		gesamt
Fernzüge in (−>/aus (<−) Richtung	−>HAM	<−HAM		
Anzahl Fernverkehrszüge an/ab B	15	16		156
davon Anschluß von/nach A	4	4		60
Busfahrt erforderlich	2	2		52
Fahrzeit A−B bzw. B−A (h:min)	1:44	1:59		1:40
Umsteigehäufigkeit zw. A und B	1,0	0,8		0,9
Übergangszeit in B (min)	15	21		23
Reisegeschw. zw. A und B (km/h)	55	48		47
Zubringer-"-. zw. A und B (km/h)	48	41		38

F=Frankfurt (Main), WÜ=Würzburg, MS=Münster, HH=Hamburg, HAM=Hamm

66

Reise- und Zubringergeschwindigkeit erreichen dennoch akzeptable Werte, was auf die relativ direkte Linienführung der Busse zurückzuführen ist. Im Vergleich zu den beiden noch bestehenden Zugpaaren ist der Bus jedoch langsamer.

Abb. 23: Mittelzentraler Verflechtungsbereich Sulingen

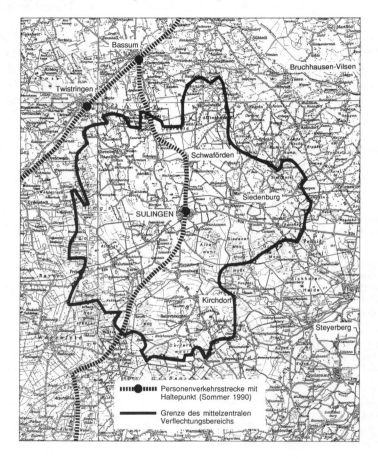

Vechta

Das Mittelzentrum Vechta hat annähernd die gleiche Fernverkehrsanbindung wie das nur acht Kilometer entfernte Mittelzentrum Lohne, das an der gleichen Bahnstrecke liegt.

Je nach Lage des Fahrtziels ist die Fahrzeit länger oder kürzer als im Fall Lohnes. Allerdings hat Vechta mehr Anbindungen an Bremen, da einige Züge in Vechta enden bzw. dort beginnen.

Tab. 13: Fernverkehrsanbindung von Vechta

Mittelzentrum (A)			Vechta		
Fernverkehrsbahnhof (B)	Bremen		Osnabrück		Fernv.
Entfernung A − B (km)	62	62	64	64	gesamt
Fernzüge in (−>/aus (<−) Richtung	−> HH	<− HH	−> MS	<− MS	
Anzahl Fernverkehrszüge an/ab B	18	17	18	17	70
davon Anschluß von/nach A	9	9	9	8	35
Busfahrt erforderlich	3	3	4	4	14
Fahrzeit A−B bzw. B−A (h:min)	1:23	1:29	1:30	1:29	1:28
Umsteigehäufigkeit zw. A und B	0,8	0,8	0,7	0,8	0,8
Übergangszeit in B (min)	33	19	15	24	23
Reisegeschw. zw. A und B (km/h)	45	42	43	43	43
Zubringer-"-. zw. A und B (km/h)	32	34	37	34	34

HH=Hamburg, MS=Münster

Abb. 24: Mittelzentraler Verflechtungsbereich Vechta

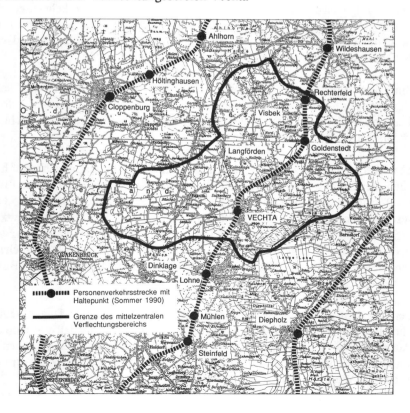

6.2.8   Die Fernverkehrsanbindungen der untersuchten Mittelzentren auf der Schiene im Vergleich

In den vorangegangenen Kapiteln wurde die Fernverkehrsanbindung mit der Bahn für jedes der acht ausgewählten Mittelzentren einzeln betrachtet. Dabei hat sich gezeigt, daß die Qualität der Anbindung sehr unterschiedlich ist und bisweilen selbst bei der gleichen Relation Hin- und Rückfahrten stark voneinander abweichen (z.B. Anbindung von Soltau an den IC-Verkehr von und nach Würzburg in Hannover, s. dazu Tab. 10).

Um die Fernverkehrsanbindung der Mittelzentren miteinander vergleichen zu können, wurden die Werte der einzelnen Relationen für jedes Mittelzentrum aufsummiert bzw. der Durchschnittswert gebildet. Die Resultate sind in Tabelle 14 gegenübergestellt.

Die "Anzahl der relevanten Fernverkehrszüge an/ab B" entspricht jeweils der Summe der in den Tabellen 6 - 13 dargestellten "Anzahl der Fernverkehrszüge an/ab B". Dieser Wert ist allerdings für die Anbindung weniger aussagekräftig, weil er von der Lage und Bedeutung der Fernverkehrsbahnhöfe bzw. -strecken vorgegeben wird. Für ein peripher gelegenes Mittelzentrum wie beispielsweise Lüchow gibt es fast zwangsläufig weniger Zugangsmöglichkeiten zum Fernverkehr als z.B. für Soltau.

Wesentlich wichtiger ist dagegen die Anzahl bzw. der Anteil der Fernverkehrszüge, an die das Mittelzentrum angebunden ist. Hier gibt es eine recht große Spannweite: während Holzminden und Lüchow an den größten Teil (ca. 85 %) der Fernverkehrszüge angebunden sind, erreichen Soltau, Lohne, Sulingen und Vechta nur Werte zwischen 38 und 56 %.

Die Anbindung erfolgt größtenteils mit Nahverkehrs- oder Eilzügen. Im Fall von Lüchow und Nordhorn ist wegen der fehlenden Schienenanschlüsse grundsätzlich eine Busfahrt erforderlich. Aber auch bei den Mittelzentren mit geringem Zugangebot (Lohne, Sulingen und Vechta) erfolgt die Fernverkehrsanbindung vielfach mit Bussen (40 - 87 %).

Die durchschnittliche Fahrzeit zwischen Mittelzentrum und Fernverkehrsbahnhof hängt von der Entfernung, der Geschwindigkeit und der Umsteigehäufigkeit ab. Die mittlere Entfernung liegt bei den Beispielen zwischen 50 und 88 km, die mittlere Fahrzeit zwischen 58 und 100 Minuten. Besonders ungünstig stellt sich die Situation für Lüchow dar. Trotz der zweitkürzesten Entfernung (56 km) und dem niedrigsten Umsteigewert (0,3) nimmt die Fahrzeit den zweithöchsten Wert an (1:37 h). Demzufolge liegt die Reisegeschwindigkeit mit 35 km/h deutlich niedriger als in allen anderen betrachteten Fällen. Hierbei zeigt sich deutlich der Nachteil des Busses über mittlere und längere Entfernungen.

Dem gegenüber steht das Beispiel Holzminden. Bei einer sechs Kilometer längeren Entfernung liegt die Fahrzeit trotz höherer Umsteigehäufigkeit (0,5) um über eine halbe Stunde unter der Lüchows. Auf den großen Anteil des vertakteten Eilzugverkehrs mit wenigen Zwischenhalten ist es zurückzuführen, daß eine durchschnittliche Reisegeschwindigkeit von 57 km/h erreicht wird, der höchste der acht Werte.

Tab. 14: Fernverkehrsanbindung der untersuchten Mittelzentren

Mittelzentrum (A)	Bremervrd	Holzmind.	Lüchow	Nordhorn
Einw. im Mittelzentrum (30. 6. 1987)	17.624	20.918	9.395	48.451
Einw. im Mittelbereich (30. 6. 1987)	40.213	79.329	44.427	117.366
Anzahl d. untersuchten Fernverkehrsbahnhöfe (B)	3	3	2	3
durchschnittliche Entfernung A − B (km)	88	62	56	50
Summe der relevanten Fernverkehrsbahnhöfe an/ab (B)	82	136	32	109
davon Anschluß von/nach A	57	120	27	76
Busfahrt erforderlich	2	8	27	76
Fahrzeit A − B bzw. B − A (h:min)	1:33	1:05	1:37	0:58
Umsteigehäufigkeit zw. A und B	1,0	0,5	0,3	1,0
Übergangszeit in B (min)	27	22	40	22
Reisegeschwindigkeit zw. A und B (km/h)	57	61	35	50
Zubringergeschwindigkeit zw. A und B (km/h)	44	45	24	34

Mittelzentrum (A)	Soltau	Lohne	Sulingen	Vechta
Einw. im Mittelzentrum (30. 6. 1987)	19.179	19.329	11.135	22.487
Einw. im Mittelbereich (30. 6. 1987)	57.530	59.465	29.243	42.595
Anzahl d. untersuchten Fernverkehrsbahnhöfe (B)	3	2	4	2
durchschnittliche Entfernung A − B (km)	82	63	77	63
Summe der relevanten Fernverkehrsbahnhöfe an/ab (B)	101	70	156	70
davon Anschluß von/nach A	57	32	60	35
Busfahrt erforderlich	0	13	52	14
Fahrzeit A − B bzw. B − A (h:min)	1:27	1:24	1:40	1:28
Umsteigehäufigkeit zw. A und B	0,3	0,7	0,9	0,8
Übergangszeit in B (min)	30	21	23	23
Reisegeschwindigkeit zw. A und B (km/h)	58	44	47	43
Zubringergeschwindigkeit zw. A und B (km/h)	43	36	38	34

Mit Ausnahme von Nordhorn (58 min.) und Holzminden (1:05 h) ist die Anbindung an den qualifizierten Fernverkehr verhältnismäßig zeitaufwendig, denn sie beträgt annähernd eineinhalb Stunden, zum Teil auch mehr. Die Umsteigehäufigkeit hält sich dagegen durchaus in Grenzen, denn im Durchschnitt muß auf dem Weg vom bzw. zum Fernverkehrsbahnhof weniger als einmal umgestiegen werden.

Ein weiteres wesentliches Qualitätsmerkmal der Anbindung ist die Übergangszeit auf dem Fernverkehrsbahnhof. Diese schwankt sehr stark, weil der qualifizierte Fernverkehr i.d.R. im Takt verkehrt, die Anschlußverbindungen, mit Ausnahmen von und nach Holzminden, aber nicht. Interessanterweise liegt der Mittelwert dennoch in fünf Fällen fast gleich (21 - 23 min.); auch

70

Bremervörde (27 min.) und Soltau (30 min.) liegen in der gleichen Größenordnung. Lediglich Lüchow weicht mit 40 Minuten deutlich davon ab.

Durch die Übergangszeit auf dem Fernbahnhof wird die Reisegeschwindigkeit relativiert, was als "Zubringergeschwindigkeit" ausgedrückt wird. Je nach der Dauer der Übergangszeit liegt die Zubringergeschwindigkeit um 8 bis 15 km/h unter der Reisegeschwindigkeit.

Aufgrund der sehr langen durchschnittlichen Übergangszeit von 40 Minuten und der ohnehin geringen Reisegeschwindigkeit erreicht das Mittelzentrum Lüchow nur eine Zubringergeschwindigkeit von 25 km/h. Die höchsten Zubringergeschwindigkeiten (42 - 44 km/h) erreichen die Orte,

Abb. 25: Straßenanbindung der niedersächsischen Mittelzentren

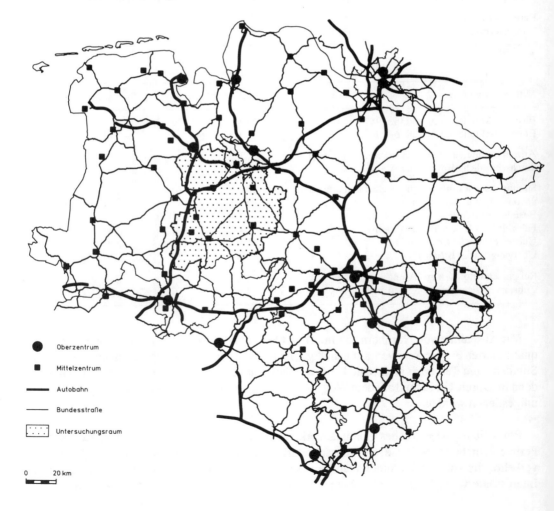

die auch die höchsten Reisegeschwindigkeiten aufweisen: Bremervörde, Holzminden und Soltau. Die drei betrachteten Mittelzentren des Untersuchungsgebietes (Lohne, Sulingen, Vechta) liegen vor Lüchow am Ende der Rangfolge.

Von den acht untersuchten Mittelzentren weist Holzminden sowohl quantitativ als auch qualitativ die beste Anbindung auf. Es ist an 120 Fernverkehrszüge angebunden, die bei einer Umsteigehäufigkeit von 0,5 und einer Zubringergeschwindigkeit von 43 km/h erreicht werden. Zwischen Abfahrt in Holzminden und Abfahrt des Fernverkehrszuges (bzw. entsprechend umgekehrt für die Ankunft) vergehen durchschnittlich 1:27 Stunden.

Lüchow ist hingegen nur an 27 Fernverkehrszüge angebunden, wobei die Zubringergeschwindigkeit 25 km/h beträgt, so daß der Zeitaufwand insgesamt 2:17 Std. beträgt, also 50 Minuten mehr als im Fall Holzmindens.

Die betrachteten Mittelzentren des Untersuchungsgebiets sind in der Qualität ihrer Anbindung hinsichtlich Umsteigehäufigkeit, Übergangszeit, Reise- und Zubringergeschwindigkeit ähnlich strukturiert. Sulingen ist allerdings über Nienburg (per Bus) an wesentlich mehr Fernverkehrszüge angebunden als Lohne und Vechta. Alle drei liegen allerdings trotz kürzerer Entfernungen deutlich hinter Bremervörde, Holzminden und Soltau. Die Ursachen dafür sind die geringe Bedienungshäufigkeit, niedrige Streckengeschwindigkeiten sowie ein höherer Busanteil.

6.2.9   Die Straßenanbindung der untersuchten Mittelzentren

Im Vergleich zur öffentlichen Verkehrsanbindung wurde die Anbindung im Individualverkehr untersucht. Dabei wurden jeweils die Entfernung und die Reisezeit zu den oben genannten Oberzentren ermittelt. Als Grundlage diente das Autobahn- und Bundesstraßennetz. Im Falle von Vechta und Lohne handelte es sich um zwei im Bundesstraßenniveau ausgebaute Landesstraßen, da adäquate Bundesstraßenverbindungen fehlten. Die durchschnittliche Reisegeschwindigkeit liegt bei Bundes- und Landesstraßen bei 60 km/h und bei Autobahnen bei 70 km/h. Es wurde jeweils die kürzeste Straßenverbindung an Hand von neuesten Karten vom jeweiligen Mittelzentrum zum nächsten Fernverkehrsbahnhof ermittelt. Die Fahrzeit errechnet sich aus der Strassenentfernung von der Ortsmitte zum Fernverkehrsbahnhof und der jeweiligen festgelegten Geschwindigkeit. Die Berechnung erfolgte überschläglich, ist aber für den Reisezeitvergleich ausreichend.

Vergleicht man nun die Tabellen 14 und 15 miteinander, stellt man fest, daß die Entfernungen per Bahn überwiegend günstiger sind, aber die Reisezeiten teilweise weit über denen der Straße liegen. Besonders große Differenzen treten in Sulingen auf. Dort sind z.B. Fahrzeitunterschiede Richtung Hannover von bis zu 50 Minuten festzustellen. Diese Unterschiede sind auf ein gut ausgebautes Straßennetz zurückzuführen, das besonders im Untersuchungsbereich Vechta/Diepholz/Sulingen erheblich dichter ist und dadurch eine größere Verfügbarkeit aufzuweisen hat.

Tab. 15: Straßenverbindungen zu den Oberzentren

Mittelzentrum (A)	Oberzentrum (B) über . . . (B)	Fernstraßen-km A—B		Fahrzeit A—B (h:min)
BREMERVÖRDE	BREMERHAVEN	Autobahn : 6 Bundesstraße: 42	gesamt:	0:48
	BREMEN	Autobahn : 11 Bundesstraße: 57	gesamt:	1:07
	HAMBURG	Bundesstraße: 83		1:23
HOLZMINDEN	KREIENSEN	Bundesstraße: 41		0:41
	ALTENBEKEN	Bundesstraße: 53		0:53
	GÖTTINGEN	Bundesstraße: 65		1:05
LÜCHOW	UELZEN	Bundesstraße: 42		0:42
	LÜNEBURG	Bundesstraße: 68		1:08
	HAMBURG	Autobahn : 20 Bundesstraße: 102	gesamt:	2:00
NORDHORN	BAD BENTHEIM	Bundesstraße: 16		0:16
	OSNABRÜCK	Autobahn : 39 Bundesstraße: 56	gesamt:	1:30
	MÜNSTER	Bundesstraße: 72		1:12
SOLTAU	HANNOVER	Autobahn : 80 Bundesstraße: 6	gesamt:	1:15
	HAMBURG	Autobahn : 69 Bundesstraße: 7	gesamt:	1:07
	BREMEN	Autobahn : 32 Bundesstraße: 51	gesamt:	1:19
LOHNE	BREMEN	Autobahn : 80 Landesstraße: 5	gesamt:	1:14
	OSNABRÜCK	Autobahn : 46 Landesstraße: 5	gesamt:	0:45
VECHTA	BREMEN	Autobahn : 72 Landesstraße: 8	gesamt:	1:10
	OSNABRÜCK	Autobahn : 54 Landesstraße: 8	gesamt:	0:55
SULINGEN	BREMEN	Bundesstraße: 51		0:51
	OSNABRÜCK	Bundesstraße: 80		1:20
	HANNOVER	Bundesstraße: 79		1:19
	BIELEFELD	Bundesstraße: 101		1:41

6.3   Das Untersuchungsgebiet Vechta/Diepholz/Sulingen

Um die Wirksamkeit konkreter Maßnahmen zu untersuchen, wurde aufbauend auf die vorangegangenen Analysen ein besonderes Problemgebiet näher beleuchtet. Es handelt sich um den Raum Vechta/Diepholz/Sulingen, der trotz seiner zentralen Lage zwischen den Oberzentren Bremen, Hannover und Osnabrück eine ausgesprochen schlechte Erreichbarkeit aufweist (vgl. dazu Abb. 15).

6.3.1   Verkehrsgeographische Lage

Das Untersuchungsgebiet liegt innerhalb des Städtedreiecks Bremen - Oldenburg - Osnabrück und wird im wesentlichen von den drei Eisenbahnstrecken

- 2200 Bremen - Osnabrück
- 2982 Bassum - Sulingen - Rahden und
- 1560 Delmenhorst - Vechta - Osnabrück

begrenzt. (s. Abb. 26 und 32)

Die vom niedersächsischen Landesraumordnungsprogramm 1982 den Ordnungsräumen Bremen, Oldenburg und Osnabrück zugeordneten Gemeinden entlang dieser Strecken gehören nicht zum Untersuchungsgebiet, das somit ausschließlich ländlich strukturierte Gebiete umfaßt. Das so abgegrenzte Gebiet stellt keine raumordnerische Einheit dar, denn es ist durch eine alte historische und konfessionelle Grenze zwischen der Provinz Hannover und dem Land Oldenburg geprägt. Noch heute gehört der Landkeis Diepholz zum Regierungsbezirk Hannover, während die Landkreise Vechta und Oldenburg zum Regierungsbezirk Weser-Ems gehören.

Auch naturräumlich sind beide Teilräume durch das Diepholzer Moor, das Große Moor und das Huntetal voneinander getrennt. Der Gesamtraum ist in seinem nördlichen Bereich eine typische Geestlandschaft. Südlich daran schließen sich ausgedehnte Moorflächen an. Die einzigen Höhenzüge innerhalb des Untersuchungsgebietes sind die Endmoränenzüge des Kellenberges (77 m), der Böhrde (86 m) und der Dammer Berge (146 m). Lediglich die südliche Grenze des Landkreises Diepholz reicht bis zur Mittelgebirgsschwelle (Stemweder Berg).

Im Untersuchungsraum leben auf einer Fläche von 2.704 km² 228.689 Menschen (30.06.1987), was einer Bevölkerungsdichte von 85 Einw./km² entspricht. Die Bevölkerungsdichte liegt damit weit unter der Niedersachsens (151 Einw./km²) und der der früheren Bundesrepublik (248 Einw./km²). Innerhalb des Gebietes wird nur in den fünf Mittelzentren und drei weiteren größeren Gemeinden eine Bevölkerungsdichte von über 100 Einw./km² erreicht, während sie in weiten Teilen sogar unter 60 Einw./km² liegt.

Die Bevölkerungszahl hat sich in den letzten 20 Jahren sehr unterschiedlich entwickelt. Fast alle Gemeinden des Landkreises Diepholz, die im Untersuchungsgebiet liegen, haben einen

Abb. 26: Untersuchungsgebiet Vechta/Diepholz/Sulingen

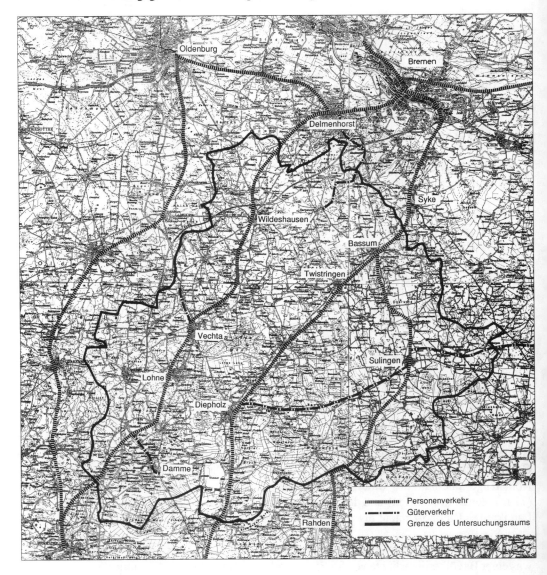

Abb. 27: Straßennetz im Untersuchungsgebiet Vechta/Diepholz/Sulingen

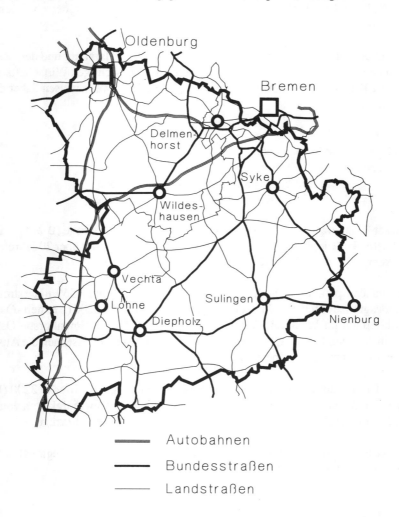

Bevölkerungsrückgang zu verzeichnen, während in allen übrigen Gemeinden die Bevölkerungszahl steigt, im Falle des Landkreises Vechta durch einen hohen Geburtenüberschuß, sonst durch
Wanderungsgewinn.[50]

Das Untersuchungsgebiet, das etwa auf halbem Weg zwischen Hamburg und dem Ruhrgebiet
liegt, wird vom überregionalen Verkehr zwischen diesen beiden wichtigen Wirtschaftsräumen in
Nordost-Südwest-Richtung durchströmt. Alle wichtigen Verkehrswege weisen daher diese NE-
SW-Ausrichtung auf:

- Autobahn A 1,
- Bundesstraßen B 51 und B 61 sowie
- die Bahnstrecken   2200 (Bremen - Osnabrück),
                          2982 (Bassum - Sulingen - Rahden) und
                          1560 (Delmenhorst - Vechta - Bramsche).

Quer zu dieser Richtung gibt es nur wenige nennenswerte Verkehrswege (B 214). Die einzige
Ost-West-Bahnstrecke (Diepholz - Sulingen - Nienburg) dient schon seit über 20 Jahren nur noch
dem Güterverkehr. (vgl. dazu Anl. 6.2)

Die beiden nahezu parallel verlaufenden Bahnstrecken 2200 und 1560 unterstreichen die
ehemalige Landesgrenze durch den Untersuchungsraum. Die Strecke 2200 (Bremen - Osnabrück)
verläuft ausschließlich im Landkreis Diepholz, die Strecke 1560 (Delmenhorst - Osnabrück)
ausschließlich in den Landkreisen Oldenburg und Vechta. Entsprechend ist auch die Ausrichtung
auf die Oberzentren, zumindest in bezug auf den Eisenbahnverkehr.

Die Qualität der drei Eisenbahnstrecken ist sehr unterschiedlich. Die Strecke 2200 (Bremen -
Osnabrück) ist als einzige elektrifiziert und teilweise für Höchstgeschwindigkeiten von 200 km/
h zugelassen. Neben InterCity-Zügen verkehren hier Eil- und Nahverkehrszüge.

Die beiden anderen Strecken (2982 und 1560) dienen dem Nah- bzw. Regionalverkehr; auf
ihnen werden nur sehr niedrige Reisegeschwindigkeiten erreicht.

6.3.2   Das Zugangebot im Untersuchungsraum seit 1980

Auf keiner der drei genannten Eisenbahnstrecken verkehren bis heute Züge, die zu einer der
in Abschnitt 4.2 beschriebenen Qualitätskategorien gehören. Bislang wird die Bedienung mit
traditionellen Eil- und Nahverkehrszügen mit altem Wagenmaterial durchgeführt.

Im Sommerfahrplan 1980 gab es im Untersuchungsgebiet 24 Bahnstationen, die im Umkreis
von 1.500 m fast 100.000 Einwohner bedienten. Das entsprach 44 % der dort lebenden
Bevölkerung. Seitdem wurden sieben Zughalte aufgegeben, wodurch etwa 6.700 Einwohner ihren
Bahnanschluß verloren. Heute haben noch 41 % der Gesamtbevölkerung des Untersuchungsgebietes
eine Bahnstation in einer Entfernung bis zu 1,5 km.

Die Bedienungshäufigkeit der einzelnen Bahnstrecken (s. Anl. 6.2, 6.3 und 6.4), die schon 1980 beträchtlich variierte, hat sich seitdem weiter auseinanderentwickelt. Auf der Hauptstrekke 2200 (Bremen - Osnabrück), die 1980 die mit Abstand größte Zugdichte aufwies, hat sich das Angebot in den vergangenen zehn Jahren auf einigen Abschnitten noch erhöht.

Völlig entgegengesetzt verlief die Entwicklung des Reisezugangebotes auf der Strecke 1560 (Delmenhorst - Bramsche - Osnabrück). Auf dem im Untersuchungsraum liegenden Streckenabschnitt gab es 1980 noch an allen Wochentagen Zugverkehr, selbst in den Abendstunden. Seitdem hat sich die Zahl der Züge stark reduziert und ist auf die Hauptverkehrszeiten beschränkt, d.h. abends, samstags nachmittags und sonntags ruht der Zugverkehr vollständig.

Auf der Strecke 2982 (Bassum - Sulingen - Rahden) ist das Zugangebot während der letzten zehn Jahre unverändert geblieben; es beschränkt sich allerdings auf zwei Zugpaare, die zudem nur montags bis freitags verkehren.

Wenn die in der Rahmenvereinbarung zwischen dem Land Niedersachsen und der Deutschen Bundesbahn beschlossene Stillegung der Strecken 2982 und 1560 realisiert wird, verlieren über 61.000 Einwohner der Region ihren Bahnanschluß; es wären dann nur noch 14 % der dortigen Bevölkerung angeschlossen.

Tab. 16: Einwohnerzahl mit Anbindung an das Schienennetz

Orte mit Bahnanschluß		
maximale Luftlinienentfernung zwischen Siedlungsschwerpunkten und Bahnhöfen: 1,5 km		
zugrunde liegende Einwohnerzahl: 228.689 Einw. (25. 5. 1987)		
Sommerfahrplan 1980:	99.906 Einw.	43,7 %
Sommerfahrplan 1990:	93.239 Einw.	40,8 %
lt. Rahmenvereinbarung:	32.000 Einw.	14,1 %

Für den Streckenabschnitt Delmenhorst - Wildeshausen der Strecke 1560 zeichnete sich trotz der in der Rahmenvereinbarung vorgesehenen Stillegung der Erhalt des Schienenpersonennahverkehrs ab. Unter der Regie der angrenzenden Kommunen und des Landkreises Oldenburg sollte dieser Abschnitt von einer NE-Bahn betrieben werden. Der Landkreis Oldenburg, der seinen Kreissitz erst kürzlich nach Wildeshausen verlegt hatte, sah sich finanziell nicht in der Lage, das zu erwartende Defizit von jährlich etwa 1,76 Millionen DM mitzutragen. Er stieg aus dem Projekt aus, das damit zumindest vorerst gescheitert sein dürfte.[51]

78

Tab. 17: Anzahl der Nahverkehrs- und Eilzüge im Untersuchungsraum

Strecke	Abschnitt	Sommer 1980 (A)	(Sa)	(So)	Sommer 1990 (A)	(Sa)	(So)
2200	Bremen—Bassum	50	29	21	50	32	19
2200	Bassum—Twistringen	46	29	21	46	32	19
2200	Twistringen—Diepholz	24	17	11	30	22	15
2200	Diepholz—Osnabrück	24	17	12	26	19	13
2982	Bassum—Sulingen	4	0	0	4	0	0
2982	Sulingen—Rahden	4	0	0	4	0	0
1560	Delmenhorst—Wildeshausen	20	11	5	14	7	0
1560	Wildeshausen—Vechta	17	10	5	12	7	0
1560	Vechta—Lohne	13	10	4	13	7	0
1560	Lohne—Bramsche	13	10	4	12	7	0

(A) = werktags außer samstags; (Sa) = samstags; (So) = sonn- und feiertags

6.3.3 Lage und Zustand der Bahnhöfe

Im Untersuchungsgebiet wurden neun Bahnhöfe näher untersucht (s. Abb. 31). Es wurden in erster Linie Kriterien wie Kundenfreundlichkeit, Zugangs- und Umsteigemöglichkeiten mit verschiedenen Verkehrsmitteln sowie äußeres Erscheinungsbild ermittelt. Besonders wichtige Kriterien sind zum Beispiel Lage zum Ort, Erreichbarkeit mit IV und ÖV sowie Öffnungszeiten und Informationseinrichtungen. Die Einzelergebnisse können der Anlage 6.5 entnommen werden.

Ergebnis der Untersuchung ist, daß der größte Teil der Bahnhöfe von der jeweiligen Ortsmitte aus fußläufig gut zu erreichen ist (500 - 1000 m). Die Bahnhöfe der Mittelzentren verfügen über ein ausreichendes Parkplatzangebot, abgesehen von Lohne und Wildeshausen. Diepholz verfügt als einziger Bahnhof über eine ausgeschilderte Park + Ride-Anlage.

Ein weiteres Kriterium war das Vorhandensein von Fahrradabstellanlagen. Diese sind an fast allen Bahnhöfen in ausreichender Zahl vorhanden, mit Ausnahme von Sulingen. Teilweise sind sie in einem sehr schlechten Zustand. Am weitesten verbreitet sind sogenannte 'Clip'-Ständer oder Hochständer. Sie sind zum Abstellen allerdings weniger geeignet, da die Fahrräder umfallen und die Felgen dabei verbiegen können; für ältere Leute sind hingegen die Hochständer ungeeignet.

Weiterhin wurden die Dienstleistungs- und Serviceeinrichtungen sowie die Informations-einrichtungen untersucht. Hierbei treten nun, abgesehen von den Schalterstunden, größere Unterschiede auf, besonders was den Bereich der Informationseinrichtungen betrifft. Häufig beschränkten sie sich auf den aktuellen Fahrplan. Es fehlten Tarifpläne, eine Übersicht über das lokale ÖPNV-Angebot, Umgebungs- oder Ortsplan etc. Öffentliche Einrichtungen wie zum

Beispiel Toiletten waren zum Teil in einem schlechten Zustand und nicht ausgewiesen. Der modernste Bahnhof Vechta besaß auf dem Bahnsteig keinen ausreichenden Wetterschutz. Generell ist im Bereich der Bahnhöfe vieles verbesserungswürdig, um den Kunden die entsprechende Dienstleistung ansprechend anzubieten.

Weiterhin war in allen neun untersuchten Orten zu bemängeln, daß der Bahnhof im Ort nicht ausgeschildert war und deshalb von dort oft nur schwer zu finden war.

Die Ergebnisse der Untersuchung wurden nach einem Schema bewertet, um die Bahnhöfe untereinander vergleichen zu können. Die Entfernung zum Ort wurde in drei Kategorien unterteilt:

1. bis 500 m als sehr gut,
2. 500 - 1000 m als gut und
3. über 1000 m als befriedigend.

Weiterhin wurde ein Bahnhof aufgewertet, wenn er mehrere Orte gleichzeitig bedient wie zum Beispiel der Bahnhof von Goldenstedt.

Die Parkplatzsituation wurde in zwei Unterpunkte aufgeteilt: in Anzahl der Parkstände und Entfernung zum Bahnhof. Die Anzahl der Parkstände wurde auf die jeweilige Einwohnerzahl des Ortes bezogen, und die Entfernung wird in Metern angegeben. Bei den Fahrradständern wurde genauso verfahren, allerdings wurden bei der Bewertung der Anzahl der Fahrradständer veränderte Schwellenwerte festgelegt.

Abb. 28: Beispiele für Fahrradständer

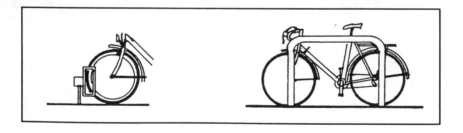

Beim Kriterium "Übergang Bus/Zug" wurde die Entfernung zwischen der Haltestelle und dem Bahnsteig gemessen und nach ausgewählten Schwellenwerten bewertet. Sie hängen von der fußläufigen Erreichbarkeit ab. Im Fall Vechta führten bauliche Mängel zur Abwertung, da hier eine Überquerungshilfe zwischen Busbahnhof und Bahnhof über eine stark befahrene Straße fehlt.

Diese oben genannten Kriterien sind unter dem Punkt Erreichbarkeit zusammengefaßt. Da sie einen größeren Einfluß auf die Attraktivität haben als die nachfolgenden Kriterien, wurden sie doppelt so stark bewertet.

Abb. 29: Ergebnis der Bewertung der Bahnhöfe

Bahnhof Strecken-abschnitt	Erreichbarkeit					Dienstleistung u. Serviceeinrichtungen								
		Parkplatz		Fahrrad-ständer				Wetterschutz						
	Lage zur Ortsmitte	Anzahl	Entfernung z. Bahnsteig	Anzahl	Entfernung z. Bahnsteig	Übergang Bus/Zug	Fahrkarten-ausgabe	Bahnsteig	Bf-Halle	Gaststätte	Informations-einrichtung	Gepäck-abfertigung	Erscheinungs-bild	Gesamt-bewertung
Bassum 100/105														
Sulingen 105														
Diepholz 100														
Lohne 276														
Vechta 276														
Goldenstedt 276														
Rechterfeld 276														
Wildeshausen 276														
Brettorf 276														

1   2   3   4   5

1 = sehr gut

2 = gut

3 = befriedigend

4 = unbefriedigend

5 = schlecht

Die weiteren Kriterien sind unter dem Oberbegriff "Dienstleistungs- und Serviceeinrichtungen" zusammengefaßt.

Beim Punkt Wetterschutz wurde unterschieden zwischen "vorhanden" und "nicht vorhanden". Bei den Punkten Fahrkartenausgabe und Gepäckabfertigung spielte neben den Öffnungszeiten auch die Anwesenheit von Personal außerhalb der An- und Abfahrtszeiten eine Rolle. Dies ist für den Kunden wichtig, um sich über das Angebot informieren zu können. Bei den übrigen Informationseinrichtungen waren besonders das "Vorhandensein" und ihre "Qualität" entscheidende Bewertungskriterien.

Zum Abschluß wurde noch das Erscheinungsbild des Bahnhofs bewertet, da es einen ersten Eindruck des Verkehrsmittels vermittelt und nicht zu unterschätzen ist.

Es ist festzustellen, daß die beiden Bahnhöfe Bassum und Diepholz einen etwas höheren Standard als die übrigen Bahnhöfe aufweisen. Dies entspricht auch der Bedeutung der einzelnen Strecken. An Nebenstrecken weist selbst ein moderner Bahnhof wie Vechta doch erhebliche Mängel auf. Die Bahnhofsanlagen in Rechterfeld und Goldenstedt verdeutlichen die Vernachlässigung von Nebenbahnstrecken in besonderem Maß. Die Anlagen sind zum Teil heruntergekommen, und es sind keinerlei Fahrgastinformationen vorhanden. Es ist daher erforderlich, nicht nur etwas für Großstadt- und Ballungsraumbahnhöfe zu tun, sondern auch für die sogenannten Landbahnhöfe.

7. Verbesserungsmöglichkeiten der Anbindung an überregionale Verkehre

7.1 Maßnahmenkatalog

Betrachtet man die Angebotsanalyse im Abschnitt 6 zusammen mit der allgemeinen Angebotsentwicklung der DB, lassen sich folgende Tendenzen feststellen:

Ein "Rückzug aus der Fläche" hat trotz gegenteiliger DB-Aussagen in den siebziger und achtziger Jahren in vielen Bereichen stattgefunden, durch Stillegung von schwach genutzten Strecken ("Angebotsumstellung"), Auflassung von Haltepunkten/Bahnhöfen und/oder durch Einschränkung des Angebots vor allem in den Abendstunden und an Wochenenden. Vielfach wurden ehemals durchgehende Strecken unterbrochen oder im Angebot so eingeschränkt, daß die Netzwirkung verlorenging.

Mit der Einführung neuer Zuggattungen nach der Produktphilosophie der DB wurden vielfach alte Linienführungen aufgegeben. So ist auf vielen Strecken des Regionalverkehrs festzustellen, daß das Angebot zwar vertaktet und teilweise ausgeweitet wird, an den Endpunkten einer Teilstrecke jedoch "gebrochen" wird (Umsteigezwang). Diese Tendenz ist auch bei überregionalen Verkehren zu finden, wo beispielsweise durch Einführung von InterRegio-Linien ehemalige D/E-Zug-Langläufe und Kurswagenverbindungen angegeben werden. Diese Maßnahmen sollen dem hochwertigen IC-Verkehr weitere Fahrgäste zuführen, um ihn als einzigen echten Vertreter des Fernverkehrs wirtschaftlicher betreiben zu können. Die Folge ist allerdings, daß viele Verbindungen im überregionalen Verkehr nicht mehr umsteigefrei angeboten werden (z.B. Hannover - Marburg), da sich die umsteigefreien Verbindungen nur noch innerhalb des IC-Netzes ergeben. Für eine Fahrt aus der Fläche sind somit häufig mehrere Umsteigevorgänge mit entsprechenden Wartezeiten notwendig.

Für einige Reisendengruppen ist die Zahl der Umsteigevorgänge ein wichtiges Kriterium für die Fahrtentscheidung. Daneben wird die Gesamtreisezeit auch durch die Anbindung der Fläche an die überregionalen Verkehre bestimmt. Zwar werden einzelne Teilstrecken mit hoher Geschwindigkeit (ab Sommer 1991: 250 - 280 km/h mit dem ICE) zurückgelegt, für im Verhältnis wesentlich kürzere Strecken werden jedoch zusammen mit den notwendigen Übergangszeiten längere Zeiten benötigt. In diesem Zusammenhang ist die Erkenntnis wichtig, daß besonders Wartezeiten auf Anschlüsse von Reisenden subjektiv sehr negativ bewertet werden. Manche Reisendengruppen würden daher auch eine geringfügig längere Gesamtreisezeit in Kauf nehmen, sofern die Verbindung umsteigefrei ist.

Die Vertaktung der Fahrpläne hat zwar die Vorteile einer Vergleichmäßigung des Angebotes und der guten Merkbarkeit, kann jedoch in bestimmten Relationen zu ganztägig ungünstigen Anschlüssen führen, wenn von den starren Taktzeiten nicht abgewichen wird und andere Relationen als wichtiger betrachtet werden.

Insgesamt ließe sich ein besseres Angebot erreichen, wenn von der reinen Konzentration des Fernverkehrs auf das IC-Netz und der zwangsläufigen Umsteigevorgänge abgewichen und ein zweites Netz von durchgehenden Fernverbindungen (etwa in der Ebene des InterRegio-Netzes) installiert werden würde. Diese Verbindungen könnten anzahlmäßig begrenzt (zwei bis drei pro Tag) und in die Taktverkehre der "Neben"-Strecken integriert werden.

Eine weitere Maßnahme wäre eine bessere Abstimmung der Anschlüsse in den Fernknoten, vor allem in den Abendstunden und an Wochenenden. Hier müßte gerade in diesen Zeiten das Zugangebot von den Fernknoten in die Region und umgekehrt erweitert und besser abgestimmt werden.

Eine bessere Flächenanbindung an überregionale Verkehre kann durch Einrichtung eines Integralen Taktfahrplanes ("IT") erfolgen.

Bei einem Integralen Taktfahrplan wird durch konsequente Systematisierung des Angebotes und durch den Einsatz rechnergestützter Betriebskonzepte die Attraktivität für den Benutzer gesteigert. Strategisches Ziel ist es, unter Einbeziehung aller Zuggattungen und auf der Grundlage des vorhandenen IC- und IR-Netzes

- alle von der Bahn bedienten Orte
- über den ganzen Tag und während der ganzen Woche
- in festen, merkbaren Taktintervallen
- auf klar definierten Linien
- mit optimierten Anschlüssen in den Knoten

miteinander zu verbinden.

Vor einem Halt z.B. eines IR-Zuges in einem regionalen Mittelzentrum oder einem wichtigen Knotenbahnhof treffen aus allen Zubringerrelationen die Züge ein, um die Fahrgäste sofort nach der Umsteigezeit in allen Richtungen zu verteilen (s. Abb. 29) Das bedeutet, daß die Fahrpläne aller Zubringerlinien (vom Eilzug bis zum Bus) zum Fernverkehrsnetz ebenfalls vertaktet sind und somit auch ein Mindestbedienungsstandard in den ländlichen Regionen gesichert werden kann (auch an den Wochenenden). Nicht nur die konsequente Ausrichtung auf die Fernverkehrszüge, sondern auch die Vertaktung (mindestens 2-Stunden-Takt) ermöglichen erst einen umfassenden Zugang des ländlichen Raums zum Fernverkehr. In den Niederlanden und der Schweiz werden seit Jahren sämtliche Eisenbahnstrecken, auch abseits der Hauptstrecken, mindestens im Stundentakt bedient, selbst abends und am Wochenende. Somit können in diesen Regionen ungenutzte Verkehrspotentiale ausgeschöpft werden. Die Verkehrsqualität wird dadurch gleich in mehreren Punkten verbessert (z.B. Reisegeschwindigkeit, Bedienungshäufigkeit). Insbesondere werden Wartezeiten bei den Umsteigevorgängen minimiert. Die Idee des "IT" basiert auf dem Marketingkonzept der Schweizerischen Bundesbahnen (SBB) "Bahn 2000".

Eine systematische Anwendung des integralen Taktfahrplans beschränkt die Vorteile "gute Anschlüsse" und "leicht merkbare Abfahrtszeiten" nicht nur auf das IC-Netz und somit die großen

Städte, sondern umfaßt alle Nah- und Fernverkehrsstrecken und hat dadurch eine vernetzende Wirkung. Geschwindigkeitsverbesserungen kommen allen Teilregionen zugute und können dadurch der raumordnerisch unerwünschten weiteren Zentralisierung entgegenwirken.

Ein weiteres wichtiges Kriterium zum Erreichen einer guten Verkehrsqualität ist die Minimierung der Umsteigevorgänge. Durch ein flächendeckendes InterRegio-Netz und durch Einsatz von Fern-D-Zügen können auf vielen Relationen Direktverbindungen geschaffen werden.

Abb. 30: Verküpfung der Verkehrssysteme im "IT"

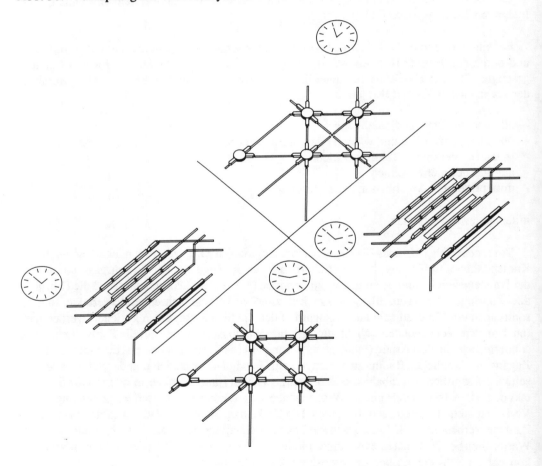

(aus: Durrer/Meiner/Stähli 1986, S. 305)

Überlagert man die in der Erreichbarkeitsanalyse gewonnenen Ergebnisse mit den in Kapitel 5 zusammengestellten Einflußgrößen der Verkehrsmittelwahl, so läßt sich ein Katalog von Maßnahmen zur Verbesserung des ÖV und der Anbindung der Fläche an die überregionalen Verkehre formulieren.

Wichtigste Forderung ist die Verkürzung der Reisezeit von Haus zu Haus. Hierzu gehören folgende Maßnahmen:

- Vergrößerung der Bedienungshäufigkeit:
  Durch eine Ausweitung des Fahrtenangebotes wird ein nahezu vollständiger Zugang zum qualifizierten Fernverkehr möglich, und in den SVZ und an Wochenenden verringern sich Warte- und Übergangszeiten.

- Erhöhung der Höchstgeschwindigkeit auf Nebenbahnen:
  Durch Maßnahmen an Oberbau und Sicherungseinrichtungen soll die Geschwindigkeit auf Nebenbahnen heraufgesetzt werden.

- Verringerung der Übergangszeiten:
  An den Systemknoten (Verknüpfungspunkten) müssen die Übergangszeiten optimiert werden. Dies wird durch eine Abstimmung der Fahrpläne der einzelnen Verkehrsmittel untereinander (Integraler Taktfahrplan) erreicht.

- Verringerung der Umsteigehäufigkeit:
  Die Zahl der Umsteigevorgänge muß möglichst gering gehalten werden. Dies erreicht man durch das Durchbinden von Zügen zu den IC-Systemknoten oder durch ein flächendeckendes IR-Netz sowie durch den Einsatz von Fern-D-Zügen.

Neben diesen Forderungen zur Verbesserung der Reisezeit gibt es aber auch Maßnahmen, die die Attraktivität, den Komfort und das Erscheinungsbild verbessern, um somit den öffentlichen Nahverkehr in der Öffentlichkeit positiver darzustellen. Diese Maßnahmen sind in einem Katalog zusammengestellt (Anl. 7.1).

7.2 Verkehrskonzept für das Untersuchungsgebiet Vechta/Diepholz/Sulingen

Am Beispiel des Untersuchungsgebiets Vechta/Diepholz/Sulingen soll konkret aufgezeigt werden, welche quantitativen und qualitativen Verbesserungen für den ÖPNV durch Umsetzung der im vorigen Abschnitt genannten Maßnahmen erreicht werden können.

7.2.1 Vorhandene Schieneninfrastruktur

Wie schon oben beschrieben, führen drei Eisenbahnstrecken in Nordost-Südwest-Richtung durch das Untersuchungsgebiet und eine nur im Güterverkehr betriebene Strecke in West-Ost-Richtung (s. Abb. 31):

Abb. 31: Schienennetz im Untersuchungsgebiet Vechta/Diepholz/Sulingen

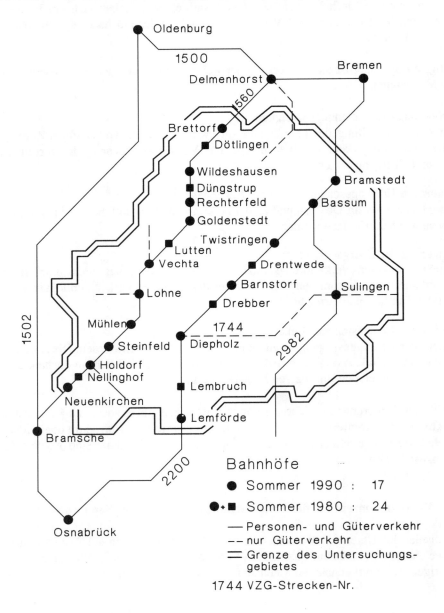

- Mischbetrieb
  - (Osnabrück -) Hesepe - Vechta - Delmenhorst (- Bremen)
  - Osnabrück - Diepholz - Bassum - Bremen
  - Bünde (Westf.) - Rahden - Sulingen - Bassum
- reiner Güterverkehr
  - Nienburg - Sulingen - Diepholz.

Bis auf die Strecke Osnabrück - Bremen (zweigleisig, elektrifiziert) sind die Strecken eingleisig und nicht elektrifiziert.

7.2.2 Erfassung der zu untersuchenden Strecken

Strecke 1560 Delmenhorst - Hesepe

Die Strecke ist eine eingleisige Nebenbahn mit einer zugelassenen Höchstgeschwindigkeit von 80 km/h. Sie zweigt in Delmenhorst von der Hauptbahn Oldenburg - Bremen (Strecke 1500) ab und führt in gestreckter Linienführung über Wildeshausen, Vechta und Lohne nach Hesepe. Dort ist sie mit der Hauptbahn Oldenburg - Osnabrück (Strecke 1502) verknüpft. Die Strecke ist abschnittsweise in einem weniger guten Zustand. Aufgrund von Mängeln am Oberbau muß die zulässige Geschwindigkeit in diesen Abschnitten bis auf 50 km/h gesenkt werden. Dies läßt sich aus dem Geschwindigkeitsband in Anlage 7.2 entnehmen. Aus dem Geschwindigkeitsband läßt sich außerdem die Zahl der Bahnübergänge entnehmen, die mit einer Geschwindigkeitsbeschränkung belegt sind. Es handelt sich um ungesicherte Bahnübergänge. Alle sicherheitstechnischen Einrichtungen sind mechanischer Bauart und entsprechen nicht mehr den heutigen technischen Anforderungen. Am Bahnhof Lutten müssen die durchgängigen Personenzüge zwei Weichenverbindungen durchfahren (EW 1:300), die nur für 50 km/h zugelassen sind.

Die Strecke wird von mit Dieselloks (BR 211) bespannten Zügen und Dieseltriebwagen der Baureihe 624 bedient. Das Fahrgastaufkommen liegt im Querschnitt bei 520 Reisenden pro Tag. Im Bereich Vechta - Lohne liegt das Reisendenaufkommen bei 1.200 Reisenden pro Tag.[52]

Das größte Aufkommen im Güterverkehr wird in Lohne mit durchschnittlich 7,6 Wagenladungen je Tag erzielt. Ein nennenswertes Aufkommen herrscht außerdem noch in Holdorf (5,9 Wagenld/Tag), Vechta (4,0 Wagenld/Tag) und Rechterfeld (3,9 Wagenld/Tag). Alle anderen Tarifpunkte haben ein geringeres Aufkommen. (vgl. dazu Abb. 32)

Strecke 2982 Bünde - Bassum

Die Strecke ist eine eingleisige Nebenbahn mit einer zugelassenen Höchstgeschwindigkeit von 80 km/h. Sie zweigt in Bünde von der Hauptbahn Löhne - Osnabrück - Rheine (Strecke 2992) ab und führt über Rahden und Sulingen nach Bassum. Dort ist sie mit der Strecke Osnabrück - Bremen (Strecke 2200) verknüpft. Die Linienführung ist weitgehend gestreckt, nur im Bereich Lübbecke

Abb. 32: Satelliten im Untersuchungsgebiet

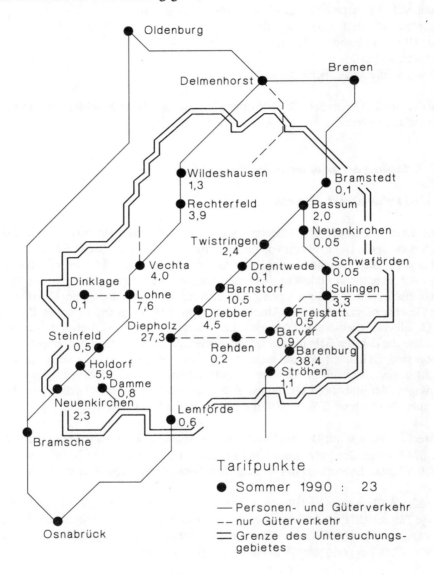

Tarifpunkte

● Sommer 1990 : 23

— Personen- und Güterverkehr
-- nur Güterverkehr
＝ Grenze des Untersuchungsgebietes

und Ströhen sind engere Radien vorhanden. Die Strecke ist besonders zwischen Rahden und Sulingen in einem schlechten Zustand, wodurch die Geschwindigkeit bis auf 60 km/h beschränkt ist, wie dem Geschwindigkeitsband in Anlage 7.3 zu entnehmen ist. Die Bahnübergänge sind bis auf wenige Ausnahmen mit 80 km/h zu befahren. Alle weiteren Sicherheitseinrichtungen sind mechanischer Bauart und somit nicht auf dem neuesten Stand der Technik.

Die Strecke wird von Dieseltriebwagen der Baureihe 624/634 bedient. Das Fahrgastaufkommen liegt zwischen Rahden und Sulingen bei 234 Reisenden/Tag, südlich von Rahden liegt es bei 854 Reisenden/Tag.[53]

In Barenburg wird mit 38,4 Wagenladungen am Tag das größte Güteraufkommen dieser Strecke und des gesamten Untersuchungsgebiets erzielt. Neben Barenburg haben nur noch Sulingen und Ströhen ein gewisses Aufkommen, während in den Tarifpunkten Neuenkirchen und Schwaförden das sehr niedrige durchschnittliche Aufkommen von 0,05 Wagenladungen je Tag auf sporadische Bedienung hinweist.

Strecke 1744 Nienburg - Sulingen - Diepholz

Die Strecke ist eine eingleisige Nebenbahn, die nur noch im Güterverkehr bedient wird. Es ist eine Höchstgeschwindigkeit von 50 km/h zugelassen. (s. Anl. 7.4)

Im Abschnitt Nienburg - Abzw. Lohe wird die Strecke 1743 Nienburg - Rahden benutzt. Sie wird ebenfalls nur noch im Güterverkehr bedient. Wenn die Überquerung der Weser bei Hochwasser auf der Straße nicht möglich ist, wird ein Personenzugpendeldienst zwischen Lemke und Nienburg eingerichtet. Im Abzw. Lohe zweigt die Strecke 1744 Richtung Sulingen ab. Durch leicht hügeliges Gelände verläuft sie in gestreckter Linienführung zum Bahnhof Sulingen.

Entlang der Strecke werden drei Anschließer mit einem Aufkommen von durchschnittlich 1,1 Wagen pro Tag beliefert. Sie werden von Nienburg aus bedient.

Auf dem Abschnitt Sulingen - Diepholz ist eine Geschwindigkeit von 60 km/h zugelassen. In Diepholz ist die Strecke an die Hauptbahn Osnabrück - Bremen (Strecke 2200) angeschlossen. In diesem Abschnitt werden drei Gleisanschlüsse mit einem Aufkommen von durchschnittlich 1,6 Wagen/Tag bedient.

Der Oberbau ist für eine Benutzung im Personenverkehr in einem unzureichenden Zustand. Sicherungsanlagen sind weitgehend abgebaut. Die Strecke wird im Zugleitbetrieb betrieben. Zugleitbahnhöfe sind Nienburg und Sulingen.

7.2.3 Investive Verbesserungsmaßnahmen

Aufgrund jahrelanger Vernachlässigung der gesamten Anlagen und Fahrzeuge erfordert die Verwirklichung von attraktivitätssteigernden Maßnahmen zum Teil erhebliche Investitionen.

Wichtigste Ziele sind Verbesserungen der Infrastruktur zur Geschwindigkeitserhöhung, Vereinfachung der Spurpläne und Signalanlagen zur Personaleinsparung sowie der Einsatz von kostengünstigen und komfortablen Fahrzeugen.

Oberbau

Der Oberbau sollte auf allen drei Strecken durchgearbeitet bzw. erneuert werden. Dies gilt besonders für die Bereiche Sulingen - Rahden sowie für die gesamte Strecke Nienburg - Sulingen - Diepholz. Zahlreiche Streckenabschnitte weisen zur Zeit sogenannte "Mängel am Oberbau" auf, deretwegen die Geschwindigkeit vermindert werden muß. Angestrebt werden sollte eine Streckenhöchstgeschwindigkeit von 100 km/h, die durch die heute vorhandene Linienführung ohne weiteres zugelassen werden könnte.

Beispielsweise ist im Bahnhof Lutten an der Strecke Vechta - Delmenhorst die Lage der Weichen zu verändern, um eine Durchfahrt mit 80 km/h oder mehr zu ermöglichen (bisher nur 50 km/h). Generell sollten die Weichenstraßen in den Ein- und Ausfahrten der Bahnhöfe für höhere Geschwindigkeiten ausgelegt werden.

Sicherungstechnik

Auf den Nebenstrecken der Deutschen Bundesbahn wurden jahrzehntelang kaum Investitionen im Bereich der Sicherungstechnik getätigt. Als Folge davon werden bis heute Weichen, Signale und Schranken mit beträchtlichem Personalaufwand bedient, während andererseits Personal im Servicebereich (z.B. Fahrkartenverkauf) wegrationalisiert wurde. Gerade auf Strecken mit geringem Zugverkehr entstehen somit besonders hohe Fixkosten. Das Einsparungspotential ist entsprechend groß. Es sollten deshalb vordringlich in diesem Bereich Investitionen getätigt werden, da hierbei die größten Effekte zur Steigerung der Wirtschaftlichkeit der Strecke zu erzielen sind.

Moderne Sicherungstechniken im Verein mit Rückfallweichen sind auf vereinzelten Strecken der DB bereits in der Anwendung, z.B. Titisee-Neustadt - Seebrugg im Schwarzwald. Dort haben sich die Investitionskosten von rund 265.000 DM innerhalb von zwei Jahren amortisiert.[54]

Die vorhandenen ungesicherten Bahnübergänge sollten entweder mit Lichtzeichenanlagen oder Halbschranken gesichert werden oder, wenn dies möglich ist, aufgehoben werden. Übergänge von Feldwegen könnten auch durch Anrufschranken ersetzt werden, die vorhandenen gesicherten Bahnübergänge sollten automatisiert werden.

Um die Höchstgeschwindigkeit auf einzelnen Streckenabschnitten zu steigern, ist auch eine Anpassung der Bahnübergangssicherung erforderlich. An nicht technisch gesicherten Übergängen beträgt die zulässige Geschwindigkeit je nach der Bedeutung des kreuzenden Verkehrsweges und je nach Vorhandensein der "Übersicht" (Sichtdreieck) zwischen 60 und 80 km/h. Diese

Geschwindigkeit kann eingeschränkt werden (Langsamfahrstelle), wenn beispielsweise das Sichtdreieck nicht herstellbar ist.

Für die Ausrüstung eines bisher nicht technisch gesicherten Bahnübergangs z.B. mit einer Lichtzeichenanlage und Halbschranken ist eine Investition von rund 250.000 DM zu veranschlagen, die etwa je zur Hälfte von den technischen Einrichtungen und den erforderlichen Bautätigkeiten herrühren. Da die Sicherheit eines Bahnübergangs dabei erhöht wird, sind die Investitionskosten auch in diesem Fall nach dem Eisenbahnkreuzungsgesetz zu je einem Drittel auf den Bund, den Träger der Straßenbaulast und die DB aufzuteilen.

Anschließend kann die zulässige Streckenhöchstgeschwindigkeit bei LO-Anlagen (lokführerüberwacht) auf maximal 100 km/h, in Ausnahmen 120 km/h angehoben werden. Bei FÜ-Anlagen (von der nächsten Betriebsstelle fernüberwacht) kann sie auf bis zu 160 km/h gesteigert werden. Kostenmäßig bestehen zwischen diesen Varianten keine Unterschiede.

Ein vollständiger Verzicht auf Personal ist weder möglich noch sinnvoll. Es sollte deshalb angestrebt werden, daß dort, wo weiterhin Stellwerke oder personalbediente Schrankenanlagen notwendig sind, vom Personal auch Serviceleistungen wie Fahrkartenverkauf oder Gepäckannahme durchgeführt werden.

Fahrzeuge

Das vorhandene Fahrzeugmaterial sollte durch moderne Fahrzeuge ersetzt oder modernisiert werden. Die auf der Strecke Delmenhorst - Hesepe zum Einsatz kommenden lokbespannten Züge (BR 211, Bm-Wagen, n-Wagen) sollten durch Dieseltriebzüge der Baureihe 628/928 ersetzt werden. Weiterhin werden zur Zeit Triebzüge der Baureihe 624/634 eingesetzt. Diese Fahrzeuge sollten modernisiert werden und könnten besonders auf der Strecke Rahden - Bassum den Betrieb weiterhin übernehmen. Für die Strecke Nienburg - Diepholz - Sulingen wären neue Fahrzeuge zu beschaffen. Da ein Fahrzeug in der Größenordnung des VT 627 oder des NT 81 bei der DB fehlt, sollten hierfür zwei VT 628 beschafft werden (Anl. 4.2 und 4.3). Trotz der relativ hohen Investitionskosten ist der Einsatz des Fahrzeugs langfristig wirtschaftlich, da die laufenden Betriebskosten durch den Einmann-Betrieb und geringeren Wartungsaufwand gegenüber bisherigen Fahrzeugen niedriger sind. Der höhere Komfort und das bessere Erscheinungsbild des Fahrzeugs sollten Bestandteil des Gesamtkonzepts sein. Denkbar ist eine finanzielle Beteiligung der anliegenden Gemeinden und Landkreise an den Anschaffungskosten für die Fahrzeuge, wie beispielsweise durch die Stadt Bocholt für die Stichbahn von Wesel.

Kosten

Zur Realisierung eines neuen Bedienungskonzepts entstehen für die einzelnen Strecken die im folgenden aufgeführten Kosten. Bei den Angaben handelt es sich um eine ungefähre Abschätzung, die auf Preisen des Jahres 1985 basiert. Die Kosten für die einzelnen Maßnahmen werden dabei wie folgt angesetzt:[55]

- Erneuerung des Oberbaus: 643.000 DM je Kilometer;
- Durcharbeitung des Oberbaus: 12-15.000 DM je Kilometer;
- Einbau neuer, aber gebrauchter Weichen: je 56.000 DM;
- Kosten für Umrüstung auf technische Sicherung (Blinklichter und Halbschranken): 250.000 DM je Bahnübergang;
- Umbau auf Zugleitbetrieb: je Bahnhof 400.000 DM;
- Kaufpreis für Triebwagen 628/928: 2.600.000 DM je Fahrzeug.

Dem stehen Kostenreduzierungen durch Automatisierung von Bahnübergängen und aufgehobene Stellwerke von jährlich rund 70.000 DM pro eingesparter Stelle gegenüber.

Es wird davon ausgegangen, daß alle drei Strecken im Zugleitbetrieb gefahren werden und alle Stellwerke mit Ausnahme von Delmenhorst, Vechta und Hesepe (Strecke 1560) sowie Bassum, Sulingen und Bünde (Strecke 2982) stillgelegt werden. Ferner werden alle personalbedienten Schrankenposten, die nicht von einem der genannten Stellwerke bedient werden, durch automatische ersetzt. Es wird aufgrund des heutigen Fahrplans davon ausgegangen, daß bislang jedes Stellwerk und jeder Schrankenposten mit zwei Personen pro Tag besetzt sind.

Tab. 18: Investive Maßnahmen an den Bahnstrecken im Untersuchungsgebiet (Bestandsaufnahme)

Streckennummer Streckenabschnitt	1560 Delmh.−Hesepe	2982 Bassum−Rahden	1744 Dieph.−Nienb.
Mängel am Oberbau (Gesamtlänge in km)	10,3	16,0	65,0*
Einbau neuer Weichen (Anzahl)	2	0	1
Automatisierung von Bahnübergängen (Anzahl)	13	3	2
Umbau auf Zugleitbetrieb (Anzahl Bahnhöfe)	1	1	0
Anschaffung Triebwagen 628/928 (Anzahl)	4	1	2
Personaleinsparung (Anzahl Stellen)	16	10	0

*) Es ist lediglich eine Durcharbeitung des Oberbaus vorgesehen

Der gesamte Investitionsbedarf für das vorgeschlagene Bedienungskonzept in der Region beträgt etwa 32 Millionen DM einschließlich der Fahrzeuge. Die Anzahl der Fahrzeuge ist in obiger Rechnung streckenbezogen errechnet. Sie kann sich durch entsprechende Gestaltung des Fahrzeugumlaufs sowie durch Einsatz auf anderen Strecken reduzieren, wodurch der entstehende Investitionsbedarf gesenkt werden kann. Dem stehen jährliche Kostenersparnisse von rund 1,8 Millionen DM durch Betriebsvereinfachungen und Automatisierung von Bahnübergängen gegenüber. Weitere Kosteneinsparungen entstehen durch den Einsatz der Triebwagen der Baureihe 628/928, die ohne Zugbegleiter verkehren. Eine Kostenabschätzung erfolgt im nächsten Abschnitt.

Tab. 19: Investive Maßnahmen an den Bahnstrecken im Untersuchungsgebiet (Kosten)

Streckennummer Streckenabschnitt	1560 Delmh.−Hesepe	2982 Bassum−Rahden	1744 Dieph.−Nienb.
Beseitigung der Mängel am Oberbau (1000 DM)	6.623	10.288	878*
Einbau neuer Weichen (1000 DM)	112	0	56
Automatisierung v. Bahnübergängen (1000 DM)	3.250	750	500
Umbau auf Zugleitbetrieb (1000 DM)	400	400	0
Anschaffung Triebwagen 628/928 (1000 DM)	1.040	2.600	5.200
Summe der Ausgaben (1000 DM)	11.425	14.038	6.634
Personaleinsparung pro Jahr (1000 DM)	1.120	700	0

*) Es ist lediglich eine Durcharbeitung des Oberbaus vorgesehen

7.2.4 Entwicklung eines optimierten Fahrplans für das Untersuchungsgebiet

In diesem Abschnitt soll beispielhaft dargestellt werden, wie für eine Region ein Fahrplankonzept erstellt werden kann, das den ÖV im ländlichen Raum fördert. Randbedingung des Fahrplankonzepts ist die Schaffung von günstigen Übergängen zum Fernverkehr. Dabei wurden die folgenden Fahrpläne zugrunde gelegt:

- Strecke Bremen - Hannover, Fahrplanentwurf 1991/92;
- Strecke Bremen - Osnabrück, Fahrplanentwurf 1991/92;
- Strecke Hannover - Bielefeld, Sommerfahrplan 1990.[56]

Für das Untersuchungsgebiet sind die Städte Bremen, Osnabrück und Bielefeld (s. Anl. 7.5) die relevanten InterCity-Bahnhöfe und damit Zwangspunkte für das regionale Fahrplankonzept. Weiterer Zwangspunkt sind die ab 1991 vertakteten Eilzüge auf der Strecke 1740 (Bremen - Hannover) mit Anschluß an die IC bzw. ICE Richtung Süden. Hier gilt es, in Nienburg einen Verknüpfungspunkt zu schaffen. Im Bahnhof Diepholz dagegen war dies nicht immer möglich, da der Eilzug-Verkehr im Eineinhalb-Stunden-Takt verkehrt und somit die Übergangszeiten variieren. Für die Strecke Bremen - Osnabrück ist der Eineinhalb-Stunden-Takt durchaus sinnvoll, da die Züge abwechselnd als IC-Abbringer von Bremen und als IC-Zubringer für Osnabrück fungieren; gleiches gilt sinngemäß in der Gegenrichtung.

In den Anlagen 7.6 bis 7.9 sind die Fahrpläne mit den zugehörigen Bildfahrplänen dargestellt. Alle Angaben und Analysen zum vorgeschlagenen Angebot beziehen sich auf Werktage außer samstags. An Samstagen und Sonntagen sollte ein 2-Stunden-Takt eingeführt werden, der dem Grundtakt des Werktagsverkehrs entspricht. Auf eine Auswertung des Wochenendverkehrs wird an dieser Stelle verzichtet.

Strecke 1560 Delmenhorst - Hesepe

Auf dem Bildfahrplan in Anlage 7.8 ist die gesamte Strecke einschließlich der Anschlüsse nach Bremen und Osnabrück dargestellt. Ebenfalls dargestellt sind neben den Personenzügen die Güterzüge, die auf der Strecke fahren. Die Zugnummern sind fiktiv und dienen der Vollständigkeit.

Die Züge verkehren zwischen Bremen und Osnabrück von ca. 5.30 h bis ca. 23.00 h im 2-Stunden-Takt, wobei Vechta, etwa auf der Hälfte der Strecke gelegen, als Kreuzungsbahnhof dient. Auf dem Abschnitt Vechta - Bremen werden vier Züge mehr eingesetzt, was eine erhöhte Zahl von erreichbaren InterCity-Zügen zur Folge hat. Die Reisegeschwindigkeit wurde geringfügig angehoben, so daß auch die Reisezeiten leicht gesunken sind. Aus Gründen der Anschlußoptimierung ist eine Geschwindigkeitserhöhung nur in geringem Umfang notwendig.

Die Realisierung der vorgeschlagenen Verkehrsbedienung brächte die nachfolgend aufgeführten Verbesserungen für die Reisenden:

Tab. 20: Vergleich der Angebotskonzepte auf der Strecke Delmenhorst - Hesepe

Fahrplan	90	Projekt
Länge der Strecke	126 km	126 km
Anzahl der verkehrenden Züge		
Vechta – Bremen	7	11
	umsteigen in Delmenhorst	durchgehende Züge
Vechta – Osnabrück	6	9
Übergangszeit in Delmenhorst Ri. Bremen	6 min	0 min
Reisezeit		
Vechta – Bremen	68 min	63 min
Vechta – Osnabrück	75 min	69 min
Übergänge in den IC-Knoten	in/aus	in/aus
Bremen Ri. Norden	19/39 min	5/12 min
Osnabrück Ri. Süden	20/20 min	28/29 min
Anzahl der erreichbaren InterCity-Züge in		
Bremen	6	9
Osnabrück	5	8
durchschnittliche Reisegeschwindigkeit zwischen Delmenhorst und Hesepe	47 km/h	50 km/h

- ein um etwa 50 % erhöhtes Zugangebot;
- umsteigefreie Verbindungen von und nach Bremen mit einem daraus resultierenden durchschnittlichen Fahrzeitgewinn von sechs Minuten;
- zusätzlicher Fahrzeitgewinn von elf Minuten über die gesamte Streckenlänge durch Anhebung der Höchstgeschwindigkeit;
- deutlich verbesserte Übergangszeiten in Bremen in/aus Richtung Hamburg;
- Anschlüsse von/an drei InterCity-Züge mehr als bisher;
- Tagesrandverbindung mit Bremen (letzte Rückfahrt von dort gegen 23.00 h).

Durch die kürzere Fahrtzeit verlängern sich allerdings in Osnabrück die Übergangszeiten zum/ vom InterCity-Verkehr in bzw. aus Richtung Münster.

Strecke 2982 Bünde - Bassum

Auf dem Bildfahrplan in Anlage 7.9 ist die Strecke Bünde - Bassum mit dem vorgeschlagenen Bedienungskonzept dargestellt. Alle Zugnummern sind fiktiv.

Die Züge verkehren durchgehend zwischen Bremen und Bielefeld von ca. 5.30 h bis ca. 22.30 h im 2-Stunden-Takt. Die Zahl der Zugpaare wird von zwei auf zehn angehoben. Besonders in den HVZ wurde das Angebot verdichtet, wodurch ein Stunden-Takt erreicht wird. Die Fahrzeit hat sich Richtung Bremen leicht verbessert.

Tab. 21: Vergleich der Angebotskonzepte der Strecke Bassum - Bünde

Fahrplan	90	Projekt
Länge der Strecke	87 km	87 km
Anzahl der verkehrenden Züge	2	10
Fahrzeit		
Sulingen – Bremen	59 min	51 min
Sulingen – Bielefeld	91 min	103 min
Übergänge in den IC-Knoten	in/aus	in/aus
Bremen Ri. Norden	8/42	9/25
Bielefeld Ri. Süden	17/22	12/17
Anzahl der erreichbaren InterCity-Züge in		
Bremen	2	6
Bielefeld	2	6
durchschnittliche Reisegeschwindigkeit zwischen Bassum und Bünde	56 km/h	57 km/h

Fahrzeitverbesserungen zwischen Sulingen und Bielefeld haben für Fernreisende keinen Vorteil, weil sich dadurch lediglich die Übergangszeiten zum InterCity-Verkehr verlängern würden. Sie könnten allerdings für zusätzliche Halte (z.B. in Ströhen, 1988: 1.893 Einw.) genutzt werden. Dieser Modellfall ist in Tabelle 21 unterstellt.

Für die Reisenden ergäben sich dann folgende Verbesserungen:

- ein wesentlich erhöhtes Zugangebot (von zwei auf zehn Zugpaare = + 400 %);
- eine um acht Minuten kürzere Fahrzeit zwischen Bremen und Sulingen;
- kürzere Übergangszeiten in Bremen;
- eine Verdreifachung der Zahl der erreichbaren ICs in Bremen und Bielefeld (je sechs statt zwei);
- Spätverbindung mit Bremen (Rückfahrt gegen 22.00 h).

Strecke 1744 Nienburg - Sulingen - Diepholz

Die Strecke wird zur Zeit nur im Güterverkehr bedient. Da sie noch durchgehend befahrbar ist und demzufolge keine größeren Investitionen erforderlich wären, sollte sie für den Personenverkehr wieder in Betrieb genommen werden, denn in West-Ost-Richtung besteht in diesem Raum derzeit keine Bahnverbindung. Es soll hiermit die Relation Diepholz - Sulingen - Nienburg - Hannover abgedeckt werden. Hierzu werden günstige Übergangszeiten zu vertakteten Eilzügen in Nienburg hergestellt. Die Eilzüge verkehren zwischen Bremen Hbf und Hannover Hbf. Dort sind sie mit den jeweiligen InterCity-Zügen verknüpft. In Sulingen bestehen zudem Umsteigemöglichkeiten zur Strecke Bünde - Bassum.

Entlang der Strecke sollen keine weiteren Bahnhöfe eingefügt werden. Denkbar wären allerdings Bedarfshaltepunkte in Siedenburg (1988: 1.148 Einw.), Freistatt (640 Einw.) und Rheden (1.570 Einw.).

Die Strecke sollte zwischen etwa 6.00 h und 20.00 h im 2-Stunden-Takt bedient werden. Dazu wären zwei Triebfahrzeuge (z.B. VT 628) erforderlich. Ein 2-Stunden-Takt verträgt sich durchaus mit dem verhältnismäßig geringen Güterverkehr, der sogar von diesen Fahrzeugen durchgeführt werden könnte.

Die Fahrzeit mit dem Zug bedeutet gegenüber dem derzeitigen Busangebot eine Reisezeitverkürzung zwischen Sulingen und Diepholz von etwa 50 auf 37 Minuten, zwischen Diepholz und Nienburg von 1:40 Std. auf 1:15 Std.

Kosten

Das vorgeschlagene Bedienungskonzept führt zu einer deutlichen Zunahme der jährlichen Fahrzeugkilometer. Durch den Einsatz der Triebwagen der Baureihe 628/928 kann ein Fahrzeugkilometer jedoch kostengünstiger erbracht werden als von den derzeit eingesetzten Fahrzeugen

(VT 624 bzw. lokbespannte Züge). Nach Angaben der Deutschen Bundesbahn sind die folgenden Beträge für die laufabhängigen Leistungen (ohne Personalkosten) je Zugkilometer anzusetzen (Preisstand jeweils 1985):

- 4,43 DM für eine Diesellok BR 212 mit zwei Bm-Wagen,
- 3,69 DM für einen Dieseltriebwagen VT 624,
- 1,98 DM für einen Dieseltriebwagen VT 628/928.

In Tabelle 22 sind die Kilometerleistungen und die laufabhängigen Kosten für die drei untersuchten Strecken pro Jahr, unter Berücksichtigung aller Kalendertage, gegenübergestellt. Die Angaben beziehen sich auf die gleichen Streckenabschnitte wie die Investitionen (Delmenhorst - Hesepe, Bassum - Rahden und Diepholz - Nienburg). Für 1990 werden für den Streckenabschnitt Delmenhorst - Hesepe die Kosten für eine Diesellok BR 212 mit zwei Bm-Wagen, für den Abschnitt Bassum - Rahden für einen Dieseltriebwagen VT 624 zugrunde gelegt. Für den Planfall wird auf allen Strecken die Bedienung mit VT 628/928 berechnet.

Tab. 22: Laufleistungen und Kosten des neuen Bedienungskonzepts

Streckenabschnitt	Länge km	Zugkilometer/Jahr			Laufabh. Kosten (DM)		
		1990	Planfall	in %	1990	Planfall	in %
Bassum — Rahden	54	54.000	369.360	+ 584	199.260	731.333	+ 267
Delmenhorst—Hesepe	88	318.032	601.920	+ 89	1.408.882	1.191.802	− 15
Diepholz — Nienburg	65	0	349.700	−	0	692.406	−
Gesamtraum	207	372.032	1.320.980	+ 255	1.608.142	2.615.541	+ 63

Aus Tabelle 22 geht hervor, daß der Einsatz neuen Fahrzeugmaterials geeignet ist, die laufabhängigen Kosten erheblich zu reduzieren. Auf dem Streckenabschnitt Delmenhorst - Hesepe könnte trotz Steigerung der Fahrleistung um 89 % sogar eine Kostenreduzierung von 15 % erzielt werden. Insgesamt würde bei einer Angebotsverbesserung von 255 % im Gesamtraum eine Kostenanhebung von nur 63 % entstehen, die rund 1.000.000 DM im Jahr entspricht.

Zusätzlich wirkt sich die Konzeption des VT 628/928, der im Einmannbetrieb gefahren wird, kostendämpfend aus. Pro eingesetztem Zug wird somit ein Zugbegleiter eingespart. Andererseits sind durch das Mehrangebot zusätzliche Triebfahrzeugführer erforderlich. Aufgrund nicht verfügbarer Dienst- und Umlaufpläne lassen sich die Einsparungen nicht quantifizieren.

7.2.5 Bewertung der vorgeschlagenen Bedienungskonzepte

Die im vorigen Abschnitt entwickelten Bedienungskonzepte für das Untersuchungsgebiet Vechta/Diepholz/Sulingen sollen im folgenden unter dem Hauptgesichtspunkt dieser Untersuchung ("Flächenanbindung an überregionale Verkehre") näher beleuchtet werden. Dazu wird die

Anbindung an den Fernverkehr aufgrund der vorliegenden Fahrplanentwürfe für 1991 mit dem derzeitigen Zustand verglichen. Die Vorgehensweise entspricht der in Kapitel 6.2 und wurde für Lohne, Sulingen und Vechta durchgeführt (vgl. dazu Tab. 14).

Tab. 23: Veränderung der Fernverkehrsanbindung ausgewählter Mittelzentren durch ein neues Bedienungskonzept

Mittelzentrum (A)	Lohne		Sulingen		Vechta	
Fahrplangrundlage	1990	Plan	1990	Plan	1990	Plan
Anzahl d. unters. Fernverkehrsbahnhöfe (B)	2	2	4	4	2	2
durchschnittliche Entfernung A − B (km)	63	63	77	77	63	63
Summe der relevanten Fernverkehrszüge an/ab B	70	70	156	156	70	70
davon Anschluß von/nach A	32	33	60	88	35	38
Busfahrt erforderlich	13	0	52	0	14	0
Fahrzeit A − B bzw. B − A (h:min)	1:24	1:06	1:40	1:20	1:28	1:08
Umsteigehäufigkeit zw. A und B	0,7	0,0	0,9	0,5	0,8	0,0
Übergangszeit in B (min)	21	19	23	15	23	17
Reisegeschwindigkeit zw. A und B (km/h)	44	57	47	59	43	55
Zubringergeschwindigkeit zw. A und B (km/h)	36	44	38	50	34	44

Wie aus Tabelle 23 hervorgeht, haben sich sämtliche aufsummierten bzw. gemittelten Kennwerte der Fernverkehrsanbindung für Lohne, Sulingen und Vechta verbessert. Auf einzelnen Relationen gab es allerdings auch leichte Verschlechterungen (z.B. Übergangszeiten).

Die Anzahl der erreichbaren Fernzüge hat sich im Fall Sulingens durch das stark verbesserte Zugangebot von 60 auf 88 (= 47 %) erhöht. Für Lohne und Vechta fällt dieser Wert nicht so hoch aus, weil der Planfall im Gegensatz zum jetzigen Zustand (1990) nur Züge, nicht jedoch eventuell verkehrende Busse berücksichtigt. Für alle drei Orte reduziert sich der Anteil der erforderlichen Busfahrten daher auf 0 %.

Die durchschnittliche Fahrzeit zwischen den drei Mittelzentren und den Fernverkehrsbahnhöfen konnte durch Anhebung der Streckenhöchstgeschwindigkeit und Durchbindung der Züge zu den Fernverkehrsbahnhöfen um 18 bis 20 Minuten verkürzt werden, das entspricht im Fall von Sulingen 20 % und im Fall von Vechta sogar 22,7 %.

Die konsequente Durchbindung der Züge bis zu den Fernbahnhöfen Bremen und Osnabrück hat für Lohne und Vechta zur Folge, daß alle Verbindungen umsteigefrei sind (Umsteigehäufigkeit 0,0). Die Anbindung von Sulingen an Hannover und Osnabrück erfordert einmaliges Umsteigen in Nienburg bzw. Diepholz. Dennoch reduzierte sich die durchschnittliche Umsteigehäufigkeit wegen der zusätzlichen Direktzüge nach Bielefeld und Bremen von 0,9 auf 0,5 je Fahrt.

Die mittlere Übergangszeit auf dem Fernverkehrsbahnhof konnte durch das vorgeschlagene Angebot um zwei bis acht Minuten vermindert werden, was Werten von 9,5 % (Vechta) bzw. 34,8 % (Sulingen) entspricht. Auf die Problematik kürzerer Fahrzeiten und daraus gegebenenfalls resultierender längerer Übergangszeiten wurde bereits weiter oben hingewiesen. Die Verkürzung der Fahrzeit dürfte dabei für die Mehrzahl der Fahrgäste wichtiger sein, weil sie denjenigen zugute kommt, die den Fernverkehrsbahnhof selbst zum Ziel haben; in der Regel handelt es sich dabei um ein wichtiges Oberzentrum. Eine verkürzte Übergangszeit hingegen nützt diesem Personenkreis nichts.

Aufgrund der Verkürzungen der Fahrzeit und der Übergangszeit hat sich die durchschnittliche Reisegeschwindigkeit erheblich erhöht. Sie beträgt in allen drei Beispielen 12 km/h bzw. 13 km/h mehr als bisher, das entspricht Steigerungen zwischen 25,5 % und 29,5 %.

Um 8 km/h bis 12 km/h erhöht hat sich die Zubringergeschwindigkeit; die Steigerungsraten betragen für Vechta 22,2 %, für Sulingen 31,6 % und für Lohne 29,4 %. Das bedeutet, um ein konkretes Beispiel zu nennen, daß zwischen der Abfahrt eines Zuges (1990: ggf. auch Bus) in Sulingen und der Abfahrt des Zuges auf dem Fernverkehrsbahnhof 1990 durchschnittlich 2:03 Std. vergehen, für den Planfall 1991 aber nur noch 1:35 Std., also 38 Minuten weniger (gleiches gilt sinngemäß für die Gegenrichtung).

Ein Vergleich mit den anderen untersuchten Mittelzentren (s. Tab. 14) zeigt, daß das vorgeschlagene Bedienungskonzept zu einer wesentlichen Qualitätsverbesserung der Fernverkehrsanbindung von Lohne, Sulingen und Vechta führt. Die Reisegeschwindigkeit war in diesen drei Fällen die niedrigste mit Ausnahme von Lüchow (35 km/h). Im Planfall werden die Spitzenwerte von Holzminden (61 km/h) und Soltau (58 km/h) fast erreicht.

Die Zubringergeschwindigkeit von Lohne und Vechta (jeweils 44 km/h) erreicht fast die Holzmindens (45 km/h), das bereits heute im verdichteten 2-Stunden-Takt auf die InterRegio-Abfahrten in Altenbeken und Kreiensen ausgerichtet ist. Mit einer Zubringergeschwindigkeit von 50 km/h erreicht Sulingen nach der Realisierung des vorgeschlagenen Bedienungskonzepts den höchsten Wert aller acht in Kapitel 6.2 untersuchten Mittelzentren.

Die aus dieser Analyse gewonnenen Erkenntnisse belegen, daß eine qualitativ gute Fernverkehrsanbindung für den ländlichen Raum erreicht wird, wenn die Zu- und Abbringerverkehre vertaktet und auf den Fernverkehr ausgerichtet sind sowie die Fahrzeiten und Übergangszeiten minimiert werden.

Wegen der Menge der auszuwertenden Daten wurden nur die Verbindungen an Werktagen außer samstags betrachtet. Die derzeitige Anbindung an Samstagen und Sonntagen ist aber durchweg schlechter, weil auf zahlreichen Nebenstrecken zu dieser Zeit seit mehreren Jahren kein Zugverkehr mehr stattfindet. Zur Verwirklichung einer verbesserten Anbindung an überregionale Verkehre muß aber auch an Wochenenden ein angemessenes Zugangebot vorgesehen werden. Dieses sollte einen 2-Stunden-Takt nach Möglichkeit nicht unterschreiten; dieser müßte allerdings nicht schon um 6.00 h beginnen. Auch könnten die Taktverdichtungen entfallen.

Das neue Bedienungskonzept für den Schienenverkehr im Raum Vechta/Diepholz/Sulingen erfordert zunächst Investitionen in Millionenhöhe. Das Fahrtenangebot läßt sich danach allerdings wesentlich günstiger erbringen als zur Zeit. Die Auswirkungen des vorgeschlagenen Bedienungskonzepts auf die Nachfrage lassen sich nur nach einer detaillierten Fahrgastanalyse ermitteln. Bislang lehren aber alle Erfahrungen, daß Angebotsverbesserungen zu teilweise deutlichen Fahrgastzuwächsen geführt haben. So hat beispielsweise die flächendeckende Einführung des Taktverkehrs bei den Dänischen Staatsbahnen zu Fahrgaststeigerungen von 88 % geführt. Auf der Bundesbahnstrecke Bonn - Euskirchen betrug der Zuwachs nach Realisierung des Stundentakts 73 %.[57]

7.2.6   Maßnahmen zur Verbesserung des Güterverkehrs

Um den Güterverkehr in der Region Vechta/Diepholz/Sulingen zu stärken, wurde eine neue Verkehrsform gewählt, die oben beschriebene Abrollcontainer-Technologie (ACTS). Aufbauend auf dem vorhandenen Netz von Kbf und Satelliten wurden Umschlagstationen gewählt, die diese Region raumwirksam und qualitativ ansprechend mit dem übrigen Bundesgebiet verbinden. Hierzu sind folgende Maßnahmen denkbar:

- Einrichtung von Abrollbehälter-Umschlaganlagen in den Kbf Nienburg, Osnabrück und Delmenhorst;

- Konzentration auf aufkommensstarke Bereiche;

- Einrichtung von Umschlaganlagen:

  - Strecke 1560:
  Der Bahnhof Lohne verfügt über geeignete Anlagen. Er wird werktags von zwei Zügen in Richtung Osnabrück Rbf bedient. Ladeschluß ist gegen 17^{30} Uhr.

  - Strecke 2200:
  Der Bahnhof Lemförde wurde gewählt; da die Lage der Umschlaganlage raumwirksam im Süden des Untersuchungsgebietes liegt. Der Bahnhof ist an den Rbf Osnabrück angeschlossen.

  - Strecke 2982 und 1744:
  Der Bahnhof Sulingen liegt in zentraler Lage des Landkreises Diepholz. Er verfügt über ausreichende Bahnanlagen für die Aufnahme des ACTS-Verkehrs. Angeschlossen ist er an die Kbf Bremen und Nienburg. Der Abtransport der Container erfolgt mit den Regelpersonenzügen Richtung Nienburg. Ladeschluß ist gegen 15^{30} Uhr. Mit dem Personenzug um 15^{53} wird der Nahgüterzug in Nienburg um 17 Uhr nach Seelze Rbf erreicht.

- Auf der Schiene nicht mehr wirtschaftlich zu bedienende Satelliten werden stillgelegt und, soweit sie im Einzugsbereich einer ACTS-Umschlaganlage liegen (R = 20 - 50 km), auf der Straße bedient.

- In allen anderen Satelliten ist die vorhandene Infrastruktur so zu erhalten, daß die Möglichkeit für einen ACTS-Umschlag besteht.

- Angebot von Haus-Haus-Verkehren.

- In den Kbf Nienburg, Delmenhorst und Osnabrück müssen ausreichende Gleisanlagen vorhanden sein, um leere Behälter und Tragwagen vorhalten zu können.

Mit diesen Maßnahmen soll nun versucht werden, den Schienengüterverkehr zu stärken und die Wirtschaftlichkeit zu verbessern. Der Vor- und Nachlauf zu den Umschlaganlagen kann von ortsansässigen Fuhrunternehmern abgewickelt werden.

8. Zusammenfassung

Die vorliegende Untersuchung hat zur Aufgabe, Möglichkeiten aufzuzeigen, den ländlichen Raum besser an den überregionalen Verkehr anzubinden. Es sollten vorhandene Strukturen unter den Aspekten der Erschließung und der Bedarfsdeckung durchleuchtet werden.

Als Ergebnis der Untersuchung hat sich herauskristallisiert, daß selbst die Schienenanbindung von Mittelzentren des ländlichen Raumes an überregionale Verkehre derzeit vielerorts unzureichend ist. Für Grundzentren und kleine Dörfer ist sie meistens noch schlechter, weil diese i.d.R. den überregionalen Verkehr nur über das Mittelzentrum erreichen können.

Derzeit profitieren ausschließlich Ballungsräume und Großstädte von Beschleunigungsmaßnahmen der Bahn (Neubau- und Ausbaustrecken). In der Fläche hingegen wird immer noch ÖPNV von der Schiene auf die Straße verlagert und dadurch verlangsamt. Fahrzeitgewinne auf Hauptstrecken werden somit kompensiert, der Unterschied zwischen Ballungsgebieten und ländlichem Raum wird größer. Dies läuft dem raumordnerischen Ziel von der Schaffung gleichwertiger Lebensbedingungen entgegen. Hieraus ergibt sich zwangsläufig die Aufgabe, den Schienenverkehr im ländlichen Raum in seiner Bedeutung als Verkehrsmittel der Zukunft zu stärken und auszubauen. Dies gilt in gleicher Weise für Güter- und Personenverkehr.

Die Analyse des Schienenpersonennahverkehrs (SPNV) in der Fläche hat ergeben, daß die Fernverkehrsanbindungen sehr zeitaufwendig und unattraktiv sind. Meistens sind mehrere Umsteigevorgänge mit langen Wartezeiten notwendig. Die Anbindung verschlechtert sich, wenn der SPNV auf Busbetrieb umgestellt wird. Vergleicht man die Verbindungen von Mittelzentren mit den Oberzentren einerseits im öffentlichen Verkehr (ÖV) und andererseits im Individualverkehr (IV), wird der Fahrzeitvorteil des IV deutlich, obwohl die SPNV-Verbindungen entfernungsmäßig häufig kürzer sind.

Betrachtet man des weiteren die Einflußgrößen der Verkehrsmittelwahl, so sind die entscheidenden Kriterien die Zahl der Umsteigevorgänge und die Gesamtreisezeit auf einer Relation. Allerdings sind auch weitere Kriterien wie Kosten einer ÖV-Fahrt, Stellplatzverfügbarkeit etc. von Bedeutung.

Am konkreten Beispiel des Raumes Vechta/Diepholz/Sulingen wurden für die Bereiche Betrieb und Angebot Verbesserungsmöglichkeiten aufgezeigt.

Für den Betrieb wurden folgende Maßnahmen vorgeschlagen:

- Einsatz moderner Triebfahrzeuge
  - höhere Geschwindigkeit
  - niedrigere Kosten (lauf- und zeitabhängig)
  - Einmannbetrieb

- Verbesserung des Oberbaus
  - höhere Geschwindigkeit

- Modernisierung der Sicherungseinrichtungen
  - Aufheben von Stellwerken
  - Einrichten von Zugleitbetrieb (Rückfallweichen)
  - Einsparung von Personal
  - technische Sicherung von Bahnübergängen.

Ziel dieser Maßnahmen ist ein wirtschaftlicherer Betrieb mit modernen Betriebsmitteln. Durch Einsparung von Personal, Stellwerkseinrichtungen etc. sollen die Betriebskosten gesenkt werden, ohne daß Einschränkungen im Betrieb vorgenommen werden müssen. Eine grobe Kostenabschätzung (Kap 7.2) hat diese Ziele bestätigt.

Für die drei untersuchten Strecken wurden völlig neue Angebotskonzepte für den Personenverkehr und den Güterverkehr erarbeitet. Für den Personenverkehr war es wichtig, ein Konzept zu entwickeln, das über die gesamte Woche eine Grundbedienung vorsieht, auch an Samstagen, Sonn- und Feiertagen. Es wurde ein 2-Stunden-Grundtakt gewählt, der in den Hauptverkehrszeiten (HVZ) verdichtet wird. In der HVZ wurde teilweise der starre Takt verlassen, um z.B. den Schülerverkehr besser auf die Schulanfangszeiten abzustimmen. Daneben wurde auch die Wiedereröffnung einer im Personenverkehr eingestellten Strecke vorgeschlagen.

Wichtigster Aspekt war die Anbindung an den überregionalen Verkehr. Der vorgeschlagene Fahrplan wurde so gestaltet, daß die Umsteigezeiten in den IC-Knoten minimiert wurden. Die Umsteigezeiten und die Zahl der Umsteigevorgänge wurden reduziert. Alle Züge im Untersuchungsgebiet wurden zu den IC-Knoten durchgebunden. Auch die Wiedereinführung der ehemaligen "Hecken-Eil-Züge", langlaufende Eilzüge abseits der Hauptstrecken, wäre eine Möglichkeit, den ländlichen Raum direkt an den Fernverkehr anzuschließen.

Die Feinanbindung im Untersuchungsgebiet sollte durch ein Busnetz erfolgen, dessen Fahrplan auf das Zugangebot abgestimmt ist.

An diesem Untersuchungsraum konnte gezeigt werden, daß ein vertakteter Nahverkehr auf der Schiene deutliche Verbesserungen der Fernverkehrsanbindung ermöglicht. Fahrzeitgewinne von über 20 Minuten bei Entfernungen von rund 70 km sind durch Geschwindigkeitserhöhungen, durchgehende Züge, abgestimmte Übergänge und Verlagerungen von Bussen auf Züge möglich. Diese Möglichkeiten sollten voll ausgeschöpft werden, damit auch der ländliche Raum von attraktiven Reisezeiten profitieren kann. Dadurch wird eine netzartige Verkürzung der Reisezeiten erzielt, die insgesamt einem größeren Bevölkerungsteil zugute kommt.

Die vorgeschlagenen Maßnahmen sind geeignet, den öffentlichen Verkehr und insbesondere den Schienen-Personen-Nahverkehr im ländlichen Raum zu stärken und den Modal-Split zugunsten der Schiene zu verändern.

Im Güterverkehr wurde ein neues Verkehrskonzept vorgeschlagen, das die Wirtschaftlichkeit verbessern und den Schienengüterverkehr in der Region nicht nur erhalten, sondern auch dessen Attraktivität verbessern soll. Dazu wurde die Abrollbehälter-Technologie gewählt, da sie für die Fläche ein attraktives und kostengünstiges Transportsystem ist. Die Umschlaganlagen wurden auf bestimmte Bahnhöfe konzentriert (z.B. Sulingen), unwirtschaftliche Satelliten werden auf der Straße bedient.

Abschließend muß festgestellt werden, daß im ländlichen Raum dringend Maßnahmen erforderlich sind, um den Schienenverkehr konkurrenzfähig zu machen und zu erhalten. Dies fordern auch die Kreise und Kommunen in den strukturschwachen Regionen. Hierzu ist es notwendig, ganzheitliche Verkehrskonzepte zu entwickeln, die von Land, Kreis und Gemeinden getragen werden.

Die hier vorliegende Untersuchung sollte Möglichkeiten aufzeigen und Denkanstöße geben. Sie kann allerdings nicht ein Verkehrsgutachten für diese Region ersetzen, das für eine konkrete Planung erforderlich wäre.

Literatur

Aberle, G.: Öffentlicher Personennahverkehr in der Fläche. In: Giessener Studien zur Transportwirtschaft und Kommunikation, Bd. 2. Giessen 1987

Badke, H.; Butter, N.; Jencke, P.; Koch, V.: Ein regionales Schienenverkehrsnetz im Elbe-Weser-Raum. In: Der Nahverkehr 4 (1986), H. 2, S. 16-21

Brög, W.; Förg, O.G.; Schwerdtfeger, W.: Preiselastizität der Nachfrage im ÖPNV. München 1978

Bundesbahndirektion Hamburg (Hrsg.): DB-Programm Schleswig-Holstein. Hamburg 1987

Bundesbahndirektion Hannover (Hrsg.): DB-Programm Niedersachsen. Hannover 1988

Bundesminister für Raumordnung, Bauwesen und Städtebau (Hrsg.): Entschließungen und Stellungnahmen der Ministerkonferenz für Raumordnung 1984-1987. Bonn 1988

Bundesminister für Raumordnung, Bauwesen und Städtebau (Hrsg.): Schriftenreihe des Bundesministers für Bauwesen, Raumordnung und Städtebau, Bd. 06.064 (Situation und Verbesserungsmöglichkeiten des ÖPNV in der Fläche, 1987), Bd. 06. 061 (Raumordnungsbericht 1986), Bd. 06.049 (MKRO, 1983), Bd. 06.042 (Innovationsorientierte Regionalpolitik, 1980), Bd. 06.040 (Raumordnungsbericht 1978)

Bundesminister für Verkehr (Hrsg.): Mitteilungen über Forschungen zur Verbesserung der Verkehrsverhältnisse der Gemeinden. In: Forschung Stadtverkehr, H. 38. Stuttgart 1986

Bundesminister für Verkehr (Hrsg.): Forschung Stadtverkehr, Reihe Auswertungen, Aufbereitung von Ergebnissen der Stadtverkehrsforschung. Pilotstudie: Sachgebiet Modal Split. H. A 1, Bonn 1984

Cerwenka, P.; Rommerskirchen, S.; Kirchhoff, P.; Seute, J.: Konsequenzen zukünftiger sozioökonomischer und siedlungsstrukturierter Veränderungen für die Gestaltung des ÖPNV. Untersuchung im Auftrag des Bundesministers für Verkehr. Reihe Forschung Stadtverkehr, H. 41. Bonn 1988

Dietsche, G.: Verkehrsmodelle in Schleswig-Holstein: Ermutigende Erfahrungen. In: Der Landkreis 56 (1986), S. 10-12

Drude, M.; Müller, J.H.; Schüz, T.; Zobel, A.: Die Bedienung der Fläche im Güterverkehr. In: Beiträge der Akademie für Raumforschung und Landesplanung, Bd. 84. Hannover 1985

Durrer, P.; Meiner, H.; Stähli, S.: Bahn 2000 : Die Zukunft der Schweizer Bahnen. In: Eisenbahntechnische Rundschau 35 (1986), S. 303-311

Frenz, E.: Chips statt Signalflügel. In: Verkehrszeichen 4 (1988), H. 2, S. 28-34

Gaidzik, M.; Siegmann, J.: Untersuchung von Möglichkeiten zur Erhaltung und Stärkung des Schienengüterverkehrs in der Fläche. Institut für Verkehrswesen, Eisenbahnbau und -betrieb. Hannover 1983

Garre, K.-H.: Produktpolitik im Schienenpersonenverkehr. In: Die Bundesbahn 63 (1987), S. 30-34

Göbertshahn, R.; Häfele, H.-H.: Die Produktionsplanung für den Schienenpersonennahverkehr im Spannungsfeld zwischen der Unternehmensstrategie DB '90 und den Ländervereinbarungen. In: Die Bundesbahn 64 (1988), S. 689-694

Gutknecht, R.: Nachfrageelastizitäten bei Fahrpreis- und Angebotsänderungen. In: Verkehr und Technik 39 (1986), S. 157-161

Haar, E.: Die regionale Verkehrsbedienung der Deutschen Bundesbahn - eine gemeinwirtschaftliche Aufgabe. In: Bundesforschungsanstalt für Landeskunde und Raumordnung (Hrsg.): Informationen zur Raumentwicklung, H. 4/5. Bonn 1986, S. 301-307

Hartwig, M.: Die DDR im europaweiten Containerverkehr. In: Der Containerverkehr 9 (1990), Nr. 3, S. 3-10

Heese, H.: Der öffentliche Personennahverkehr der Deutschen Bundesbahn in der Fläche. In: Bundesforschungsanstalt für Landeskunde und Raumordnung (Hrsg.): Informationen zur Raumentwicklung, H. 4/5. Bonn 1986, S. 301-307

Heinze, G.W.; Herbst, D.; Schühle, U.: Verkehr im ländlichen Raum. In: Veröffentlichungen der Akademie für Raumforschung und Landesplanung, Bd. 82. Hannover 1982

Hessisches Ministerium für Wirtschaft und Technik (Hrsg.), Studiengesellschaft Nahverkehr mbH (Bearb.): Untersuchung zur Ermittlung eines Schienengrundnetzes für das Land Hessen. Wiesbaden 1987

Höffler, K.-H.; Hüttmann, R.; Pasquay, F.: Verkehrsmittelwahl bei unterschiedlichem ÖPNV-Angebot. In: Verkehr und Technik 35 (1982), S. 217-224

Hoffmann H.-V.: Die City-Bahn. In: Verkehr und Technik 38 (1985), S. 249-252

Hölsken, D.; Ruske, W.: Verlagerungseffekte im motorisierten Personennahverkehr. In: Der Nahverkehr 5 (1987), H. 5, S. 48-59

Initiative für besseren Nahverkehr (Hrsg.): Ortswechsel mit Jahrbuch Nahverkehr '88. Bielefeld 1990

Intraplan (Hrsg.): Regionale Struktur des Personenverkehrs in der Bundesrepublik Deutschland im Jahre 1985. München 1989

Keppeler, B.: Methodische Ableitung eines preiselastischen Nachfragemodells für den Schienenpersonenfernverkehr. Institut für Verkehrswesen, Eisenbahnbau und -betrieb. Hannover 1989

Kirchhoff, P.; Stöveken, P.: Besseres Verkehrsangebot im ÖPNV oder/und Restriktion für den Pkw. In: Der Nahverkehr 8 (1990), H. 3, S. 34-40

Kottenhahn, V.: Die neuen Dieseltriebzüge der Baureihe 628.2-928.2 der Deutschen Bundesbahn. In: ZEV - Glasers Annalen 110 (1986), S. 61-66

Lankowsky, C.: Möglichkeiten der Abrollbehälter-Technologie als neue Verkehrsform der Eisenbahn in der Region. Institut für Verkehrswesen, Eisenbahnbau und -betrieb. Hannover 1989

Ludwig, D.: Aufgaben und Möglichkeiten der NE für eine systemgerechte Bedienung der Fläche. In:

Schriftenreihe der Deutschen Verkehrswissenschaftlichen Gesellschaft, Bd. B 124. Bergisch Gladbach 1989, S. 67-80

Münther, J.: Die modernisierten Nahverkehrswagen der City-Bahn. In: ZEV - Glasers Annalen 110 (1986), S. 33-40

Niedersächsisches Landesverwaltungsamt - Statistik (Hrsg.): Bevölkerung der Gemeinden am 30. Juni 1988. In: Statistische Berichte Niedersachsen A I 2 - hj 1/88. Hannover 1989

Niedersächsischer Minister des Innern (Hrsg.): Raumordnungsbericht Niedersachsen 1988. Hannover 1989

Niedersächsischer Minister des Innern (Hrsg.): Raumordnungsbericht Niedersachsen 1984. Hannover 1984

Niedersächsischer Minister des Innern (Hrsg.): Landesraumordnungsprogramm 1982

o.A.: Einsatz der City-Bahn wird im Raum Köln für drei weitere Strecken untersucht. In: Bus und Bahn 21 (1987), H. 4, S. 7

Ruske, W.; Drücker, H.: Bewertung von Personenverkehrssystemen. Teil II: Auswirkungen auf Angebots- und Nachfrageänderungen im Personenverkehr. Braunschweig 1987

Seedorf, H.H.; Meyer, H.H.: Landeskundlich-statistische Übersichten. Hannover 1982

Seliger, B.: Rhönexpress auf dem Abstellgleis. Fulda 1986

Siegmann, J.: Gestaltungsmöglichkeiten für den kombinierten Verkehr in Flächenländern - dargestellt am Beispiel Niedersachsen. Institut für Verkehrswesen, Eisenbahnbau und -betrieb. Hannover 1988 (unveröffentlicht)

Spitzer, H.: Der ländliche Raum. In: Beiträge der Akademie für Raumforschung und Landesplanung, Bd. 85. Hannover 1985

Stempel, A.: Das Projekt "Fahrplan '91". In: Die Bundesbahn 66 (1990), S. 451- 461

Stölting, V.: Technisch-wirtschaftliche Bewertung des Aufbaus eines rechnergestützten Betriebsleitsystems (RBL) bei den Verkehrsbetrieben Bachstein GmbH und der Regionalverkehr Hannover GmbH. Institut für Verkehrswesen, Eisenbahnbau und -betrieb. Hannover 1990 (unveröffentlicht)

Thalau, G.; Heitmann, E.: Regionalschnellbahn Kiel - Eckernförde - Flensburg. In: Die Bundesbahn 64 (1988), S. 23-28

Thormählen, L.: Öffentlicher Personennahverkehr im ländlichen Raum. In: Bundesforschungsanstalt für Landeskunde und Raumordnung (Hrsg.): Informationen zur Raumentwicklung, H. 4/5. Bonn 1986, S. 309-315

Ueberschaer, M.: Zur Verlagerung von Pkw-Fahrten auf andere Verkehrsmittel. In: Verkehr und Technik 41 (1988), S. 3-11

Verband öffentlicher Verkehrsbetriebe; Verband deutscher Automobilindustri, (Hrsg.): Bus - Verkehrssystem/Fahrzeug, Fahrweg, Betrieb. Düsseldorf 1979

108

Wankerl, G.: ÖPNV-Modell Zonenrandgebiet Wunsiedel (Fichtelgebirge). In: Die Bundesbahn 63 (1987), S. 325-327

Webster, F.V.; Bly, P.H. (Hrsg.): The Demand for Public Transport. Report of the International Collaborative Study of the Factors Affecting Public Transport Patronage. Veröffentlicht durch das britische Transport and Road Research Laboratory. Crowthorne 1980

Zeitvogel, M.: Erfahrungen mit dem R-Bus-System. In: Der Nahverkehr 7 (1989), H. 2, S. 16-22

Zumkeller, D.; Kohm, K.; Poeck, M. u.a.: Simulation der Auswirkungen einer Energieverknappung im regionalen Verkehrssystem eines Ballungsraumes. Forschungsauftrag des BMV. Koblenz 1977

Anmerkungen

[1] Vgl. §§ 1 und 2 Raumordnungsgesetz (ROG)
[2] Nds. Min. d. Innern 1982
[3] Vgl. Nds. Min. d. Innern: LROP 1982, S. 30
[4] Vgl. BMRO: 06.049, S. 1 ff.
[5] Vgl. BMRO 1988, S. 13
[6] Vgl. Spitzer 1985, S. 3 ff.
[7] Vgl. BMRO 1986, S. 12
[8] Vgl. BMRO 1986, S. 14 f.
[9] Vgl. Nds. Min. d. Innern: LROP 1982, zeichn. Darstellung und Nds. LVA 1989
[10] Vgl. Garre 1987, S. 30 ff.
[11] Vgl. Garre 1987, S. 30 ff.
[12] § 21 PBefG vom 27.3.1961
[13] Vgl. BMRO 1987, S. 28
[14] Vgl. Heese 1986, S. 303 f.
[15] Vgl. Heese 1986, S. 304
[16] Vgl. Thormählen 1986, S. 311 f.
[17] Vgl. Garre 1987, S. 33
[18] Vgl. Die Bundesbahn (64) 1988
[19] Vgl. o.A. 1987, S. 7 ff.
[20] Vgl. Dietsche 1986, S. 10
[21] Vgl. Siegmann, J. 1988
[22] Vgl. Siegmann 1988
[23] Vgl. FV-NE 1984
[24] Vgl. Haar 1986, S. 281
[25] Vgl. Studiengesellschaft Nahverkehr (SNV)
[26] Vgl. Badke/Butter/Jencke/Koch 1986, S. 16 ff.
[27] Vgl. Gutknecht 1986, S. 157-161
[28] Vgl. Webster 1980
[29] Vgl. Cerwenka 1988, S. 65
[30] Vgl. Cerwenka 1988, S. 100, 104
[31] Vgl. Intraplan 1989, S. A-13 ff.
[32] Vgl. Hölsken 1987, S. 59
[33] Vgl. Ueberschaer 1988, S. 11
[34] Vgl. BMV 1984

[35] Vgl. Ruske 1987, S. 25-27
[36] Vgl. Gutknecht 1986, S. 160
[37] Vgl. Kirchhoff 1990, S. 34, 40
[38] Vgl. Höffler 1982, S. 221
[39] Vgl. Höffler 1982, S. 223
[40] Vgl. BMV 1984, S. 105
[41] Vgl. Höffler 1982, S. 222
[42] Vgl. BMV 1984, S. 109
[43] Vgl. Brög 1978, S. 10 ff.
[44] Zumkeller 1977, S. 61 ff.
[45] Keppeler 1989, S. 83 ff.
[46] Vgl. Ruske 1987
[47] Vgl. Höffler 1982, S. 221 f.
[48] Vgl. Nds. Min. d. Innern 1989, S. 11 ff.
[49] Die verwendeten Streckennummern entsprechen dem "Verzeichnis der örtlich zulässigen Geschwindigkeiten" (VzG).
[50] Vgl. Nds. Min. d. Innern 1989, S. 11 f.
[51] Vgl. Hannoversche Allgemeine Zeitung vom 15. Dezember 1989
[52] Vgl. Bundesbahndirektion Hannover 1988
[53] Vgl. Bundesbahndirektion Hannover 1988
[54] Vgl. Frenz 1988, S. 31 f.
[55] Vgl. Hess. Min. f. Wirtsch. u. Techn./SNV 1987, S. 29 f.
[56] Der Fahrplanentwurf 1991/92 war noch nicht verfügbar
[57] Vgl. Seliger 1986, S. 199

Anlagen

3.1: Komponenten eines Rechnergestützten Betriebssystems

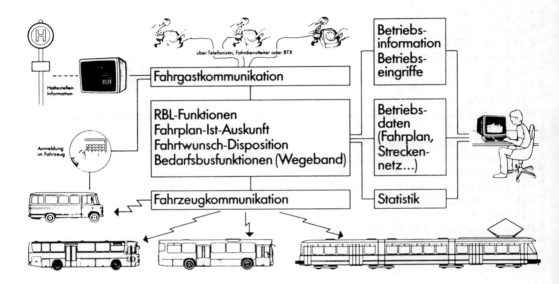

Quelle: INIT, Karlsruhe

4.1: Umgestaltung des Bahnhofs Sörup (Strecke Kiel - Flensburg)

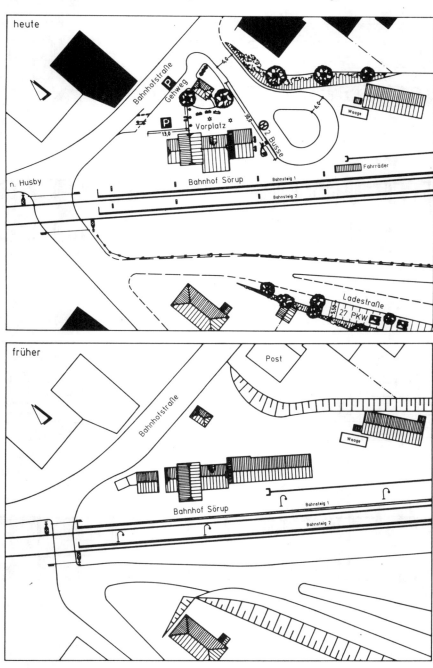

Quelle: Bundesbahn-Direktion Hamburg

4.2: Dieseltriebwagen VT 628/928

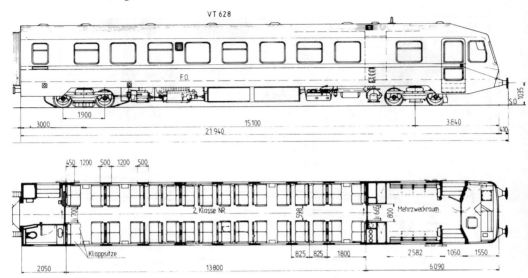

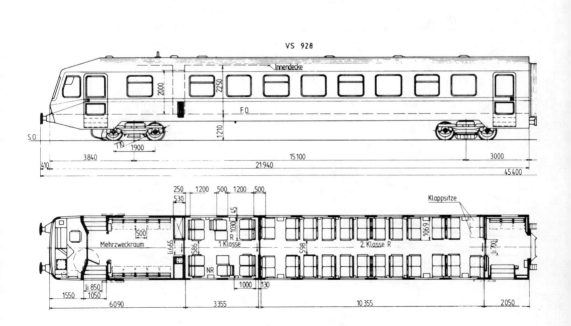

4.3: Triebwagen NT 81

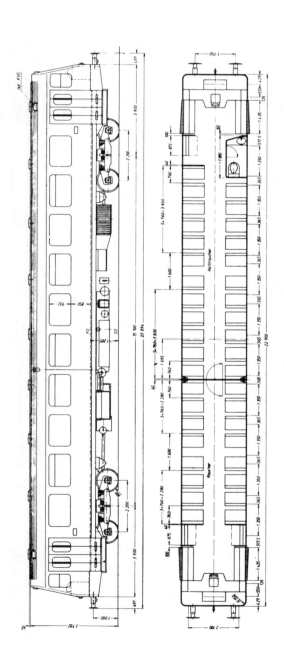

4.4: Bildfahrplan der Strecke Kiel - Flensburg

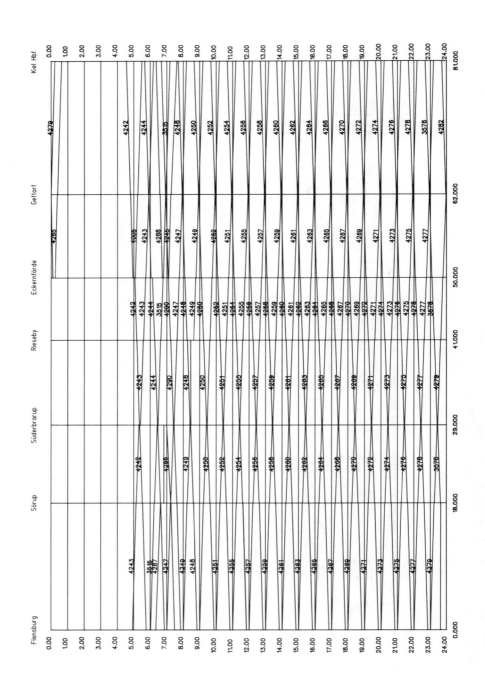

4.5:   Nachfrageentwicklung auf der Strecke Kiel - Flensburg (1978-1987)

Rsdkm/km BL

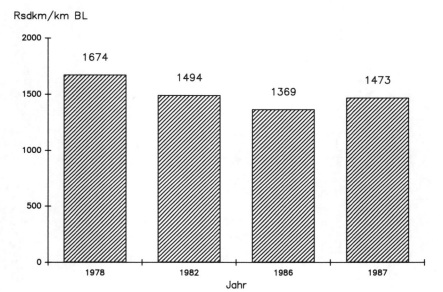

Quelle: DB, Dirketion Hamburg

4.6: City-Bahn-Wagen

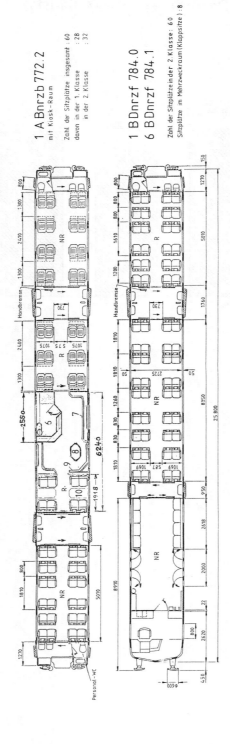

1 ABnrzb 772.2
mit Kiosk-Raum

Zahl der Sitzplätze insgesamt : 60
davon in der 1. Klasse   : 28
          in der 2. Klasse   : 32

1 BDnrzf 784.0
6 BDnrzf 784.1

Zahl der Sitzplätze in der 2. Klasse : 60
Sitzplätze im Mehrzweckraum (Klappsitze) : 8

Einrichtungen im Kiosk-Raum: 7 Abstellfläche
6 Kiosk mit Kaffeemaschine,   8 Tisch
   Kühlschrank, Würstchener-   9 Stehhilfe
   hitzer und zweigekühlten   10 Klapptisch
   Vitrinen

4.7: City-Bahn-Wagen

2 Bnrzb 778.0

8 Bnrzb 778.1

Zahl der Sitzplätze : 96

1 ABnrzb 772.0

mit Raum für Getränkeautomaten

Zahl der Sitzplätze insgesamt : 68
davon in der 1. Klasse : 28
       in der 2. Klasse : 40

6 ABnrzb 772.1

vorbereitet f. Einbau Getränkeautom.

Zahl der Sitzplätze insgesamt : 76
davon in der 1. Klasse : 28
       in der 2. Klasse : 48

Einrichtungen im Automatenraum :

1 Tisch   4 Stehhilfe
2 Kaltgetränkeautomat K5   5 Abstellfläche
3 Heißgetränkeautomat H10

4.8: Nachfrageentwicklung auf der Strecke Meckesheim - Aglasterhausen/
Hüffenhardt (1975-1986)

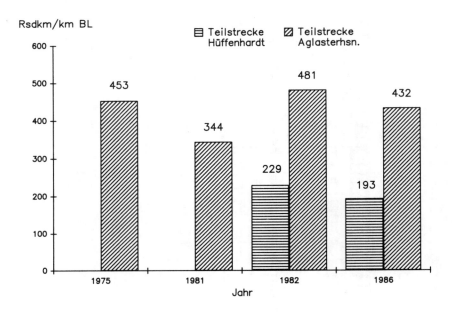

Quelle: DB, Direktion Karlsruhe sowie SWEG Lahr

4.9: Wagenladungsverkehr mit schwachem Umsatz (Stand 1988)

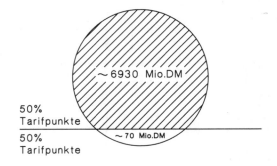

Quelle: Deutsche Bundesbahn

4.10: Schienenwagenladungsverkehr - Verteilung auf Bahnhöfe

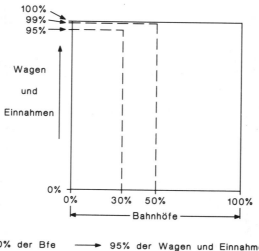

30% der Bfe   →   95% der Wagen und Einnahmen

70% der Bfe   →   5% der Wagen und Einnahmen

"Hälfte" der Bfe →   1% der Wagen und Einnahmen

Quelle: Deutsche Bundesbahn

4.11: Umschlagbahnhöfe des Huckepackverkehrs in Deutschland

Stand: Juni 1991

Täglich ausgehende Sendungen

Hannover = bis zu 50
Hannover = 50 bis 100
Hannover = mehr als 100

Umschlagbahnhof

● = für Wechselbehälter und Sattelanhänger

◎ = für Rollende Landstraße (komplette LKW)

◉ = für Wechselbehälter, Sattelanhänger, Rollende Landstraße

○ = in Vorbereitung

4.12: Umschlagplätze des Containerverkehrs in Deutschland

5.1: Motorisierter Verkehr in der Bundesrepublik Deutschland 1985

Verkehrsmittel	Verkehrsaufkommen (Mio Personenfahrten)	Verkehrsleistung im Bundesgebiet [Mrd. Pkm]	mittlere Fahrtweite [km]
Individualverkehr	28.405	515	18
ÖSPV	5.963	71	12
Bahn	1.189	46	39
Luft	36	13	361
Gesamtverkehr	35.593	645	18

Quelle: Intraplan

5.2: Fahrtzweckstruktur im Schienenpersonenfernverkehr 1985

Fahrtzweck	Verkehrsaufkommen		Verkehrsleitung		durchschnittl. Reiseweite [km]
	Mio F/a	%	Mrd PKM	%	
Beruf	20,8	13,9	1,3	4,3	63
Ausbildung	10,6	7,1	0,7	2,1	57
Einkauf	4,9	3,3	0,3	1,0	61
Geschäft	18,1	12,1	4,5	14,8	243
Urlaub	17,4	11,7	7,3	23,9	402
Privat	77,3	51,8	16,4	53,8	205
Gesamt	149,1	100,0	30,5	100,0	204

Quelle: Intraplan 1989

5.3: Motorisiertes Nahverkehrsaufkommen in der Bundesrepublik Deutschland 1985

Fahrtzweck	MIV	Bahn	ÖSPV	ÖV=Bahn+ÖSPV	Gesamt	ÖV-Anteil
Beruf	7.553	405	1.276	1.681	9.234	18,2 %
Ausbildung	905	213	1.735	1.948	2.853	63,3 %
Einkauf	5.731	158	1.539	1.697	7.428	22,8 %
Geschäft	3.606	30	145	175	3.781	4,6 %
Privat	8.478	234	1.257	1.491	9.969	15,0 %
Summe	26.273	1.040	5.953	6.992	33.265	21,1 %

MIV: motorisierter Individualverkehr
ÖSPV: öffentlicher Straßenpersonenverkehr   [in Mio Fahrten/Jahr]

Quelle: Intraplan 1989

5.4: Verkehrsaufkommen im Fernverkehr in der Bundesrepublik Deutschland 1985

Fahrtzweck	IV		Bahn		Luft		Gesamt
	Mio F/a	%	Mio F/a	%	Mio F/a	%	Mio F/a
Beruf	216,5	91,2	20,8	8,8	-	-	237,3
Ausbildung	77,0	87,9	10,6	12,1	-	-	87,6
Einkauf	135,2	96,4	5,0	3,6	-	-	140,2
Geschäft	331,7	90,9	18,0	4,9	15,2	4,2	364,9
Urlaub	73,0	66,9	17,4	16,0	18,7	17,1	109,1
Privat	1.182,0	93,8	77,3	6,1	1,6	0,1	1.260,9
Summe	2.015,4	91,6	149,1	6,8	35,5	1,6	2.200,0

124

6.1: Mittlere Reisezeit im ÖV zwischen niedersächsischen Mittelzentren
      und dem zeitlich nächstgelegenen Oberzentrum

Achim	0:15 h	Melle	0:15 h
Alfeld (Leine)	0:45 h	Meppen	1:20 h
Aurich	1:15 h	Münden	0:22 h
Bad Gandersheim	0:42 h	Munster	1:30 h
Bad Harzburg	0:42 h	Nenndorf	1:00 h
Bad Pyrmont	1:00 h	Neustadt (Rübenberge)	0:28 h
Bad Zwischenahn	0:10 h	Nienburg (Weser)	0:33 h
Barsinghausen	0:40 h	Norden	1:35 h
Brake (Unterweser)	0:50 h	Nordenham	0:30 h
Bramsche	0:13 h	Nordhorn	1:15 h
Bremervörde	0:50 h	Northeim (Han)	0:12 h
Buchholz i.d.N.	0:15 h	Osterholz-Scharmbeck	0:20 h
Bückeburg	0:45 h	Osterode am Harz	1:20 h
Burgdorf	0:30 h	Papenburg	1:20 h
Burgwedel	0:25 h	Peine	0:17 h
Buxtehude	0:25 h	Quakenbrück	0:45 h
Celle	0:35 h	Rastede	0:10 h
Clausthal-Zellerfeld	2:00 h	Rinteln	1:15 h
Cloppenburg	0:40 h	Rotenburg (Wümme)	0:26 h
Cuxhaven	0:45 h	Salzgitter-Lebenstedt	0:21 h
Delmenhorst	0:15 h	Sarstedt	0:20 h
Diepholz	0:36 h	Seesen	0:36 h
Duderstadt	1:00 h	Soltau	0:58 h
Einbeck	0:43 h	Springe	0:30 h
Emden	1:15 h	Stade	0:43 h
Friesoythe	1:20 h	Stadthagen	0:30 h
Garbsen	0:30 h	Sulingen	1:10 h
Georgsmarienhütte	0:25 h	Syke	0:17 h
Gifhorn	0:40 h	Uelzen	0:40 h
Goslar	0:50 h	Uslar	1:00 h
Hameln	0:45 h	Varel	0:21 h
Helmstedt	0:30 h	Vechta	1:10 h
Hemmoor	1:00 h	Verden (Aller)	0:27 h
Holzminden	1:15 h	Walsrode	1:10 h
Jever	0:35 h	Westerstede	0:55 h
Laatzen	0:10 h	Wildeshausen	1:10 h
Langenhagen	0:12 h	Winsen (Luhe)	0:15 h
Leer (Ostfriesland)	0:45 h	Wittingen	1:15 h
Lehrte	0:14 h	Wittmund	0:47 h
Lingen (Ems)	0:50 h	Wolfenbüttel	0:10 h
Lohne (Oldenburg)	1:10 h	Wolfsburg	0:35 h
Lüchow	3:00 h	Wunstorf	0:22 h
Lüneburg	0:30 h	Zeven	1:30 h

6.2: Bedienungshäufigkeit im Schienennahverkehr im Raum Vechta/Diepholz/Sulingen (Montag - Freitag)

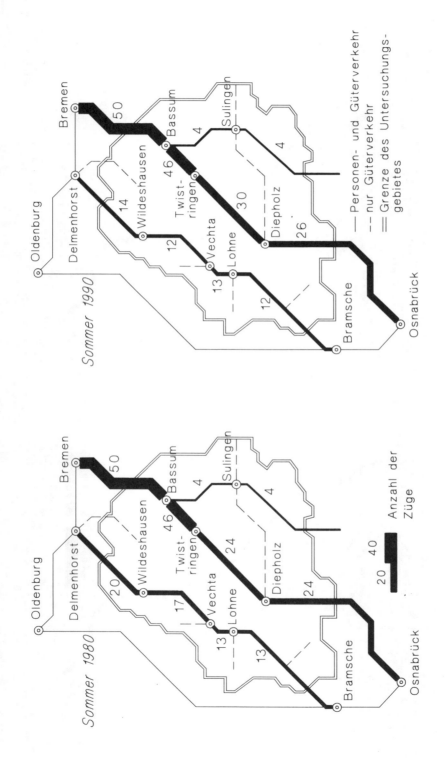

6.3: **Bedienungshäufigkeit im Schienennahverkehr im Raum Vechta/Diepholz/Sulingen (Samstag)**

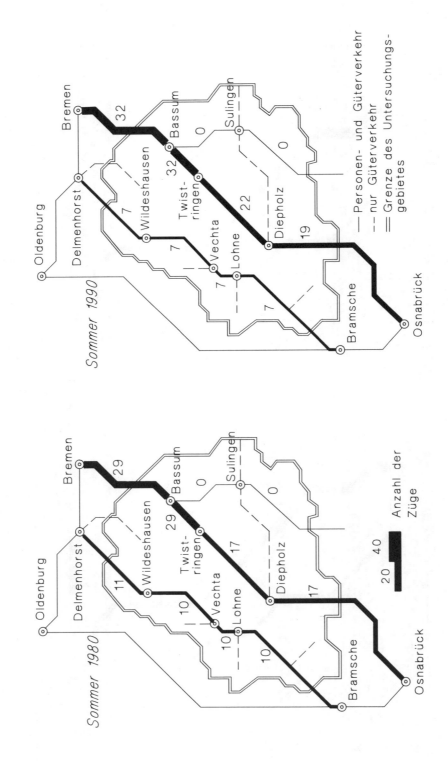

6.4:   Bedienungshäufigkeit im Schienennahverkehr im Raum Vechta/Diepholz/Sulingen (Sonntag)

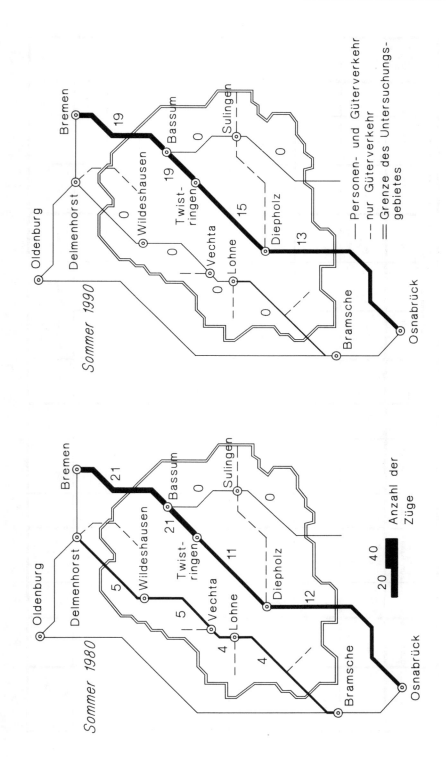

6.5: Ausstattungsmerkmale der Bahnhöfe im Untersuchungsraum

Bahnhof Streckennr.	Lage zur Ortsmitte	Parkplätze		Erreichbarkeit Fahrradständer			Übergang Bus/Zug	Dienstleistungs- und Serviceeinrichtungen						
								Öffnungszeiten der Fahrkartenausgabe			Bahnsteig Wetterschutz	Bf. Halle Sitzplätze	Gaststätte	Erscheinungsbild
		Anzahl	Entfernung zum Bahnsteig	Anzahl	Entfernung	Bauart		Mo. - Fr.	Sa.	So.				
Bassum 100/105	1,0	25	40	117	40	Clip	20	6.55- 11.30- 13.15- 18.00	Automat	Automat	vorh.	4	vorh.	2-3
Sulingen 105	0,8	50	10	6	0	Hoch-ständer	20	8.30- 11.30- 14.00- 17.00	-	-	vorh.	25	vorh.	2-3
Diepholz 100	0,6	60 P+R	50	100	50	Clip	20	6.40- 18.15	6.40- 13.15	10.00- 18.00	vorh.	5	vorh.	2
Lohne 276	0,5	8	10	10	2	Beton-rinne	10	7.00- 18.00	7.00- 12.30	- -	vorh.	10	vorh.	2
Vechta 276	0,2	20	20	66	5	Clip	50	7.00- 11.30- 18.00	7.00- 12.10	-	-	9	-	2
Goldenstedt 276	3,7	10	10	119	10	Clip	-	6.10- 10.00- 12.35- 18.30	6.30- 14.00	-	-	9	-	5
Rechterfeld 276	0,7	-	-	50	0	Clip	-	- -	- -	- -	Schutz-hütte	-	-	5
Wildeshausen 276	0,3	8	25	72	0	Hoch-ständer	30	5.10- 18.00	6.30- 14.00	-	-	6	-	2-3
Brettorf 276	0,5	5	2	6	2	Clip	50	5.00- 12.00- 12.20- 18.15	6.15- 14.15	-	-	6	-	2-3

A u t o m a t

7.1: Maßnahmenkatalog

Anforderungsrahmen	Anforderungskomplex	Maßnahmen
Reisezeiten	Erhöhung der Höchstgeschwind-igkeit auf Nebenbahnen	Oberbau Signalisierung Fahrzeuge (Linienführung)

	Erhöhung der Bedienungshäuf-igkeit	Vergrößerung des Fahrten-angebots
		- Grundtakt für SVZ
		  und Wochenenden
		- Verdichtung während
		  HVZ

	Verringerung der Übergangs-zeiten	optimierter Fahrplan (integraler Taktfahrplan) verkürzte Wege
	Verringerung der Umsteige-häufigkeit	Durchbinden von N- und G-Zü-gen (RSB, City-Bahn) flächendeckendes IR-Netz FD-Netz
	Verringerung der Zu- und Ab-gangszeit	Verkehrskonzepte vor Ort, Fahrplan abgestimmt P+R, B+R, K+R
Komfort	Fahrzeuge	Modernisierung neue Fahrzeuge
	Bahnhöfe	Wartehalle - geheizt - Sitzmöglichkeit überdachte Bahnsteige Gaststätte
	Zugänge	wenig Treppen (Fahrtreppen, Fahrstühle) behindertengerecht Umsteigen Zug/Bus Mitnahmemöglichkeit von Fahrrädern
Information	Fahrkarten	durchgängige Öffnungszeiten ausgebildetes Personal
	Gepäck	Ausgabe durchgängig geöffnet Aufbewahrung
	Schaukästen	Fahrpläne im Nahbereich alle Halte-punkte nennen Tarifsystem Umgebungsplan Angebote
	Fahrkartenautomaten	für Nahbereich Übersichtlichkeit
Erscheinungsbild		ansprechendes Design Wiedererkennungswert Sauberkeit Übersichtlichkeit

7.2: Geschwindigkeitsband der Strecke 1560-1 (Delmenhorst - Hesepe)

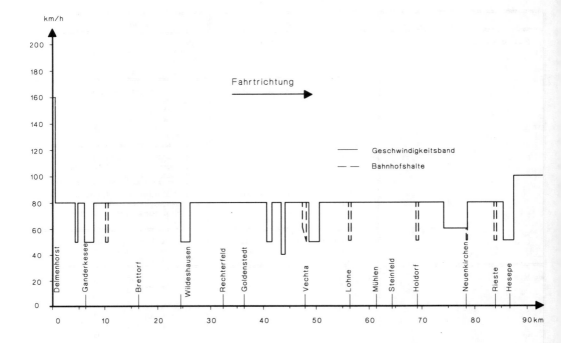

7.3: Geschwindigkeitsband der Strecke 2982-1 (Bünde - Bassum)

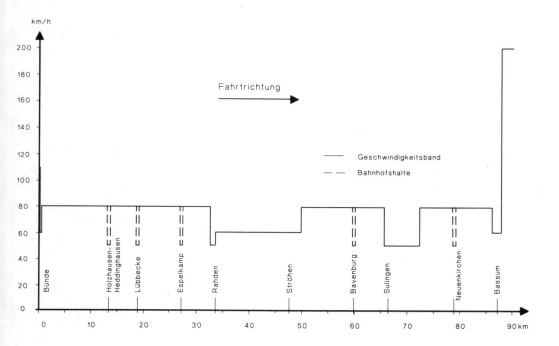

7.4: Geschwindigkeitsband der Strecke 1744-1 (Nienburg - Diepholz)

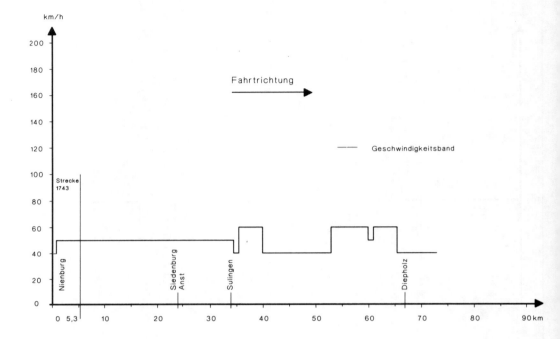

7.5: Angebotskategorien im Untersuchungsgebiet

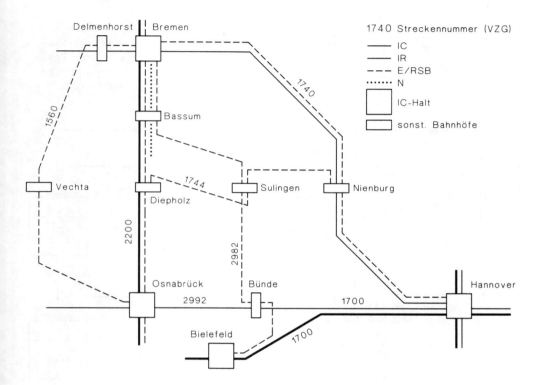

134

7.6: Fahrplan für das Untersuchungsgebiet - Variante (Teil 1)

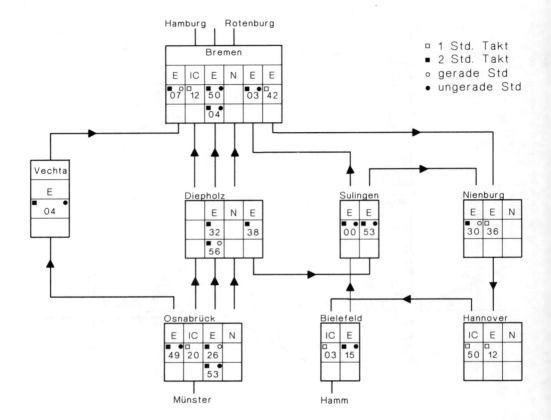

7.7: Fahrplan für das Untersuchungsgebiet - Variante (Teil 2)

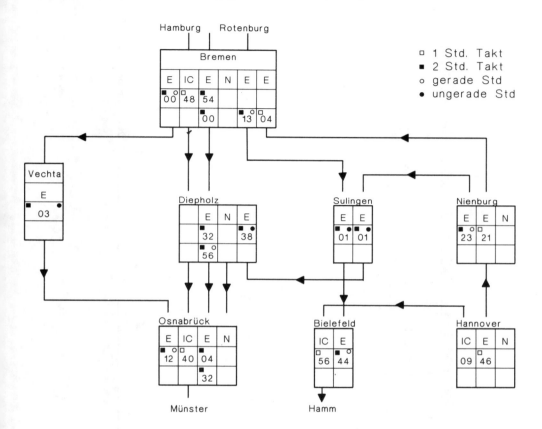

7.8: Bildfahrplan für die Strecke Delmenhorst - Hesepe (Variante)

7.9: Bildfahrplan für die Strecke Bünde - Bassum (Variante)

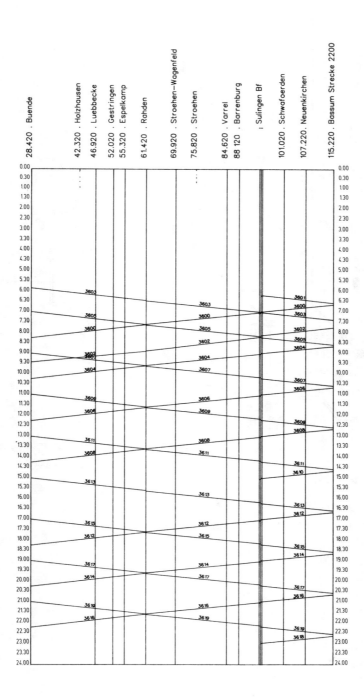

7.10: Standorte der ACTS-Umschlaganlagen

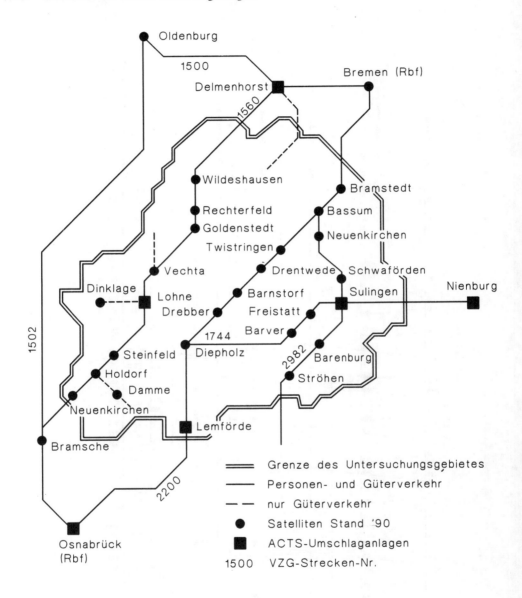

Landesentwicklung in Norddeutschland
Untersuchung über mögliche Standorte von Güterverkehrszentren in Norddeutschland

R. Kracke, J. Hildebrandt, M. Neugebauer, W.-R. Runge, W. Voges, S. Lachmann

Akademie für Raumforschung und Landesplanung, Arbeitsmaterial Bd.178, Hannover 1991, 217 S.

Aus dem Inhalt

AKADEMIE FÜR RAUMFORSCHUNG UND LANDESPL

BEITRÄGE

AKADEMIE FÜR RAUMFORSCHUNG UND LANDESPLANUNG

123540